定期テスト **ズバリ**よくでる　社会｜公民　帝国書院

JN100909

もくじ

取り外してお使いください　赤シート＋直前チェックBOOK,別冊解答

【写真提供】
朝日新聞社／アフロ／Alamy/アフロ／Rodrigo Reyes Marin/アフロ

※第1学年・第2学年では，地理的分野と歴史的分野を並行して学習することを前提に，全国の定期テストの標準的な出題範囲を示しています。
学校の学習進度とあわない場合は，「あなたの学校の出題範囲」欄に出題範囲を書きこんでお使いください。

Step 1 基本チェック

第1章 現代社会と文化
第2章 現代社会をとらえる枠組み

10分

次の問題に答えよう！　間違った問題には□にチェックをいれて，テスト前にもう一度復習！

❶ 現代社会の特色　▶ 教 p.3-8

解答欄

□ ❶ 情報の働きが大きな意味を持つ社会を何というか。▶ 図1

❶ _____

□ ❷ 世界の多くの地域が結び付きや依存を強める動きを何というか。

❷ _____

□ ❸ 15歳未満の人口の割合が低く，65歳以上の人口の割合が高い社会を何というか。

❸ _____

□ ❹ 夫婦のみや，夫婦と未婚の子どもだけなどの世帯を何というか。▶ 図2

❹ _____

❷ 私たちの生活と文化　▶ 教 p.9-16

□ ❺ 私たちの生活様式や，人々が形づくってきたものを何というか。

❺ _____

□ ❻ 他国の文化を認めて尊重し合い，共生することを何というか。

❻ _____

□ ❼ 正月やお盆のように毎年繰り返される伝統的な行事を何というか。

❼ _____

❸ 現代社会をとらえる枠組み　▶ 教 p.17-26

□ ❽ 私たちはさまざまな［社会集団］の中でしか生きていけないことから何といわれるか。

❽ _____

□ ❾ 意見の違いから人々の間に起こる［対立］を，話し合いや交渉を通じた決定によって解決することを何というか。

❾ _____

□ ❿ ❾を作るために時間や費用や資源を無駄なく使い，より多くの利益を得られるかで判断する考え方を何というか。

❿ _____

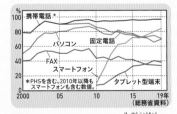

図1 主な情報通信機器の保有状況
スマートフォンが普及し，固定電話の保有台数が減少している。

図2 家族の類型別一般世帯数の変化
世帯の数は増加しているが，1世帯あたりの人数は大きく減少している。

情報通信機器の種類が変化して，情報化が進んでいるね。少子高齢社会となって，高齢者の単独世帯が増加しているんだよ。

Step 2　予想問題　・第1章 現代社会と文化　・第2章 現代社会をとらえる枠組み

1ページ
10分×3

【 情報化が進む現代 】

❶ 次の文章を読んで，あとの問いに答えなさい。

　　情報が生活の中で大きな役割（やくわり）を持ち，便利な a情報化社会になったが，企業（きぎょう）が保管（ほかん）して
いる（　⑦　）情報の流出や，情報から正しい情報を選択（せんたく）できずに社会が混乱するなど
トラブルも増加した。現在は b情報通信技術が発展し，多くの情報から，人間が考え結論
を出すのと同様の働きができる（　⑦　）も活躍（かつやく）するようになった。

☐ ❶　文中の⑦・⑦にあてはまる語句をそれぞれ書きなさい。
　　　　⑦（　　　　　　　　）　⑦（　　　　　　　　）

☐ ❷　下線部 a について，右のグラフは情報化が進む中で，
　　　あるものの利用者人口の変化を示したものです。
　　　あるものとは何か，答えなさい。　（　　　　　　　　）

☐ ❸　下線部 b について，情報通信技術の略称（りゃくしょう）を，
　　　⑦～⑦から選びなさい。　　　　　（　　　　　　　　）
　　　⑦ ICT　　　⑦ OPEC　　　⑦ EU

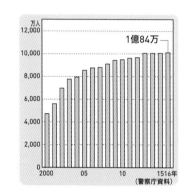

【 グローバル化が進む現代 】

❷ 次の文章を読んで，あとの問いに答えなさい。

　　 aグローバル化が進み， b貿易（ぼうえき）が拡大し，国際（こくさい）分業が活発になると同時に，企業は世界
中の企業をライバルとして（　⑦　）にさらされている。また，世界の結び付きの強ま
りから，さまざまな問題の解決（かいけつ）のための国際協調が図（はか）られ，共に生きるために互（たが）いの文化
や価値観（かちかん）を尊重する（　⑦　）の社会づくりが求められている。

☐ ❶　文中の⑦・⑦にあてはまる語句をそれぞれ書きなさい。
　　　　⑦（　　　　　　　　）　⑦（　　　　　　　　）

☐ ❷　下線部 a の担（にな）い手として，災害（さいがい）や戦争などが起こると，
　　　人々を助けるために，国際的に活動する非営利の
　　　民間組織を何といいますか。アルファベット3文字
　　　の略称（そしき）で答えなさい。　（　　　　　　　　）

☐ ❸　下線部 b について，右のグラフは日本の貿易額の変化を示しています。
　　　日本の輸出額にあてはまるものを，グラフ中のA・Bから選びなさい。　（　　　　　　　　）

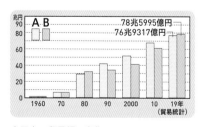

↑日本の貿易額の変化

⚙❘ヒント　❶❷世界中に広がるコンピュータのネットワークです。

❌❘ミスに注意　❷❸日本は，1990年代から2000年代は貿易黒字でした。

【 少子高齢化が進む現代 】

❸ 次の問いに答えなさい。

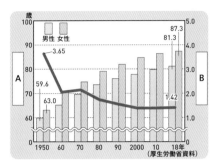

☐ ❶ 右のグラフは，1950年から2018年までのある変化
を表しています。
グラフ中の A と B にあてはまる語句を答えなさい。

A （　　　　　　　　　）

B （　　　　　　　　　）

☐ ❷ グラフから読み取れる現代社会の変化は何ですか。

（　　　　　　　　　）

☐ ❸ 高齢者が生活をしやすいように，建物や交通において活動のさまたげになるものを
なくそうという動きがあります。このような動きを何といいますか。

（　　　　　　　　　）

【 生活に息づく文化 / 日本の伝統と文化 】

❹ 次の資料を見て，あとの問いに答えなさい。

資料Ⅰ　ハラルの認証マーク

資料Ⅱ

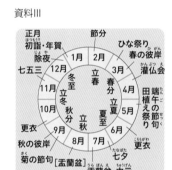

資料Ⅲ

☐ ❶ 資料Ⅰは，ある宗教で許されている商品や活動によって
つくられたことを証明するマークです。
ある宗教にあてはまるものを，㋐～㋓から選びなさい。
㋐ キリスト教　　㋑ 仏教　　㋒ イスラム教　　㋓ ユダヤ教

（　　　）

☐ ❷ 資料Ⅱは，世界中で見られるファストフード店です。グローバル化の進展によって，
世界中で同じような食文化が見られるようになりました。このような動きを
文化の何といいますか。

（　　　　　　　　　）

☐ ❸ 資料Ⅲが示している，七夕や七五三のように，毎年同じ時期に行われる行事を
何といいますか。

（　　　　　　　　　）

☐ ❹ 資料Ⅲのように昔から受け継がれてきた文化を何といいますか。

（　　　　　　　　　）

☐ ❺ ❹の文化にあてはまらないものを，㋐～㋓から選びなさい。

（　　　）

㋐ 歌舞伎　　㋑ 能楽　　㋒ 茶道・華道　　㋓ 漫画

・・

💡ヒント ❹❶宗教の教えの中で，イスラム教は食べてはいけないものを定めています。

✕ミスに注意 ❸❶平均寿命がのびると高齢者が増え，合計特殊出生率が下がると子どもが減ります。

第1部

【 社会的存在として生きる私たち / 効率と公正 】

❺ 次の文章を読んで，あとの問いに答えなさい。

　a私たちは，さまざまな社会集団の中で，互いに助け合い，尊重して生きている。この中で最も基礎的な社会集団が（　㋐　）である。そうした集団の中では，意見の違いから，さまざまな争いや問題といった人々の「（　㋑　）」がおこる。私たちは，共に生活していくために，b争いや問題を解決して「合意」を作り，社会を動かす必要がある。

☐ ❶　文中の㋐・㋑にあてはまる語句をそれぞれ書きなさい。

㋐（　　　　　　　　　　）　㋑（　　　　　　　　　　）

☐ ❷　下線部 a について，人間は社会集団の中でしか生きられないことから何といいますか。

（　　　　　　　　　　）

☐ ❸　下線部 b の合意をつくるための考え方について，次の問いに答えなさい。

① 結果が，時間や労力，費用に見合った効果を得られるかによって
解決策を作る考え方を何といいますか。

（　　　　　　　　　　）

② 合意の解決策として，公正の考え方の中で，手続きの公正にあてはまるものを，
㋐～㋒から 1 つ選びなさい。

（　　　　　　　）

㋐ みんなが決定に参加する機会があったか。

㋑ 立場が変わっても，その決定を受け入れられるか。

㋒ ほかの人の権利や利益を侵害していないか。

【 私たちときまり 】

❻ 右の表を見て，次の問いに答えなさい。

☐ ❶　表は，何を行う方法の例ですか。

（　　　　　　　　　　）

☐ ❷　表中の A ～ D にあてはまる文を，
㋐～㋓から 1 つ選びなさい。

㋐ 決定までに時間がかかることがある。

㋑ 少数意見が反映されにくい。

㋒ 当事者が納得しないことがある。

㋓ 代表者の意見しか反映されないこともある。

	長所	短所
全員の意見が一致するまで話し合う	全員が納得する	A
多数決で決める	意見が反映される人の数が多い	B
代表者が決める	早く決まる	C
第三者が決める	利害に関係ないため早く決まる	D

A（　　　　　）　B（　　　　　）　C（　　　　　）　D（　　　　　）

☐ ❸　表のように，さまざまな方法で作られた，対立が生じた両者が合意した解決策を
何といいますか。

（　　　　　　　　　　）

・・

ヒント　❺❸②合意を作るときの手続きでは，みんなと相談することが大切です。

ミスに注意　❻❷長所の内容と比較して，短所を考えます。

Step 3 予想テスト 第1章 現代社会と文化 第2章 現代社会をとらえる枠組み

30分 /100点 目標 70点

❶ 右のグラフを見て，次の問いに答えなさい。 各5点，❸10点

□ ❶ グラフ中のA～Cにあてはまるものを，㋐～㋒から1つずつ選びなさい。

㋐ スマートフォン　㋑ 固定電話

㋒ 携帯電話

□ ❷ 情報化が進むなか，必要とされる「情報リテラシー」とは何か，㋐～㋓から選びなさい。

㋐ すべての情報を入手する方法

㋑ 情報を選択し，有効に利用する能力

㋒ さまざまな情報を集める資金

㋓ インターネットに表示される情報

□ ❸ さまざまな通信機器が普及して，ソーシャルメディアが発達したことで増えているトラブルを，「個人情報」という語句を用いて書きなさい。[思]

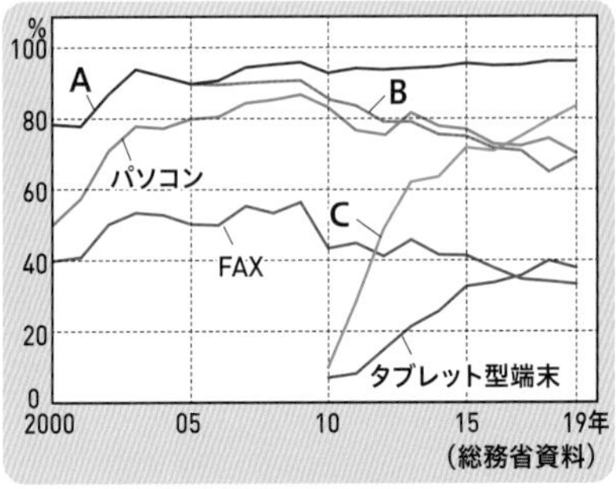

↑主な情報通信機器の保有状況

❷ 右の資料を見て，次の問いに答えなさい。 各5点，❺10点

□ ❶ 資料Ⅰは，家族の類型を示しています。Aにあてはまる家族の類型を答えなさい。

□ ❷ 資料Ⅰを正しく読み取っているものを，㋐～㋓から選びなさい。[技]

㋐ 高齢者の単独世代は減少している。

㋑ 1世帯あたりの構成人数は減少している。

㋒ 子どものいる世帯数の割合は増加している。

㋓ 2015年の人口は1960年の約2倍である。

□ ❸ 資料Ⅱは，日本の年中行事の1つです。この年中行事が行われるのは何月ですか。

□ ❹ 資料Ⅱに見られる文化に大きなかかわりがある，神や仏などへの信仰を通じて，人間の考え方に影響を与えているものを何といいますか。

□ ❺ 日本において，グローバル化の進展によって，多くの文化や慣習が持ち込まれています。外国人と共に働く機会も増加する中で，私たちに求められている「異文化理解」とはどのようなことですか。「尊重」「価値」の語句を用いて書きなさい。

資料Ⅰ　家族の類型別一般世帯数の変化

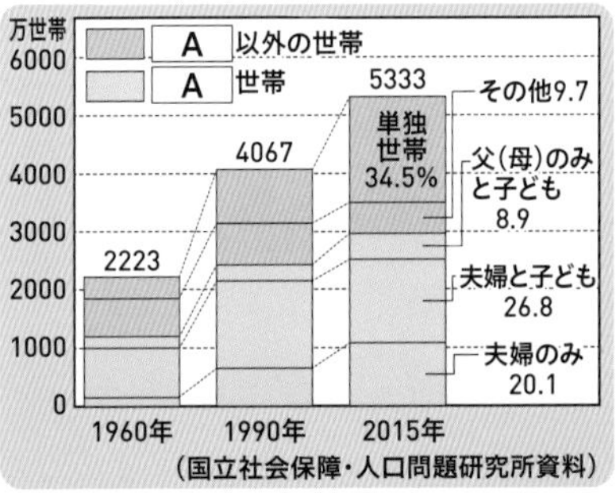

資料Ⅱ

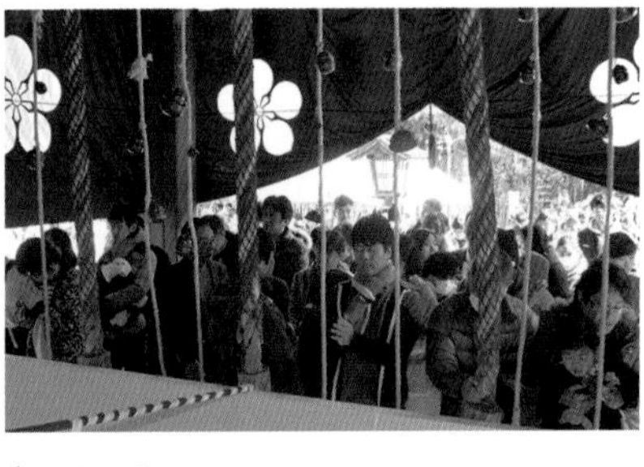

成績評価の観点 [技]…資料活用の技能 [思]…社会的な思考・判断・表現

❸ 次の文章を読んで，あとの問いに答えなさい。 各5点，❹10点

私たちは，社会生活において a家族や地域社会に属して生きている。その中で，意見の違いによる対立は起きる。そして，互いの言いたいことを理解して「折り合い」をつけることで合意を得て，社会を動かしている。合意となる解決策をつくるのには b「効率」と「公正」の考え方がもとになる。合意された解決策は cきまりとなり，社会において守るべき責任と（　㋐　）が生まれる。そして，互いに権利や（　㋑　）が保障される，このようなきまりを作ることを「(　㋒　)」という。

□ ❶ 文中の㋐〜㋒にあてはまる語句をそれぞれ書きなさい。

□ ❷ 人は下線部 a のような集団に属さなければ生きていけません。このような集団を何といいますか。

□ ❸ 家族について，日本国憲法では，個人の尊厳と両性の＿＿＿を定めています。＿＿＿にあてはまる語句を，漢字5文字で答えなさい。

[点UP] □ ❹ 下線部 b について，右の図は，コンビニエンスストアのレジの例を示しています。効率と公正の面のどちらをより考えたものですか。簡単に説明しなさい。[思]

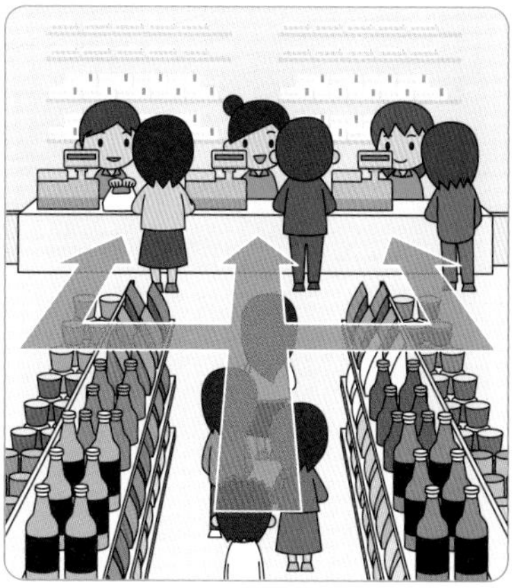

□ ❺ 下線部 c の決定の方法として，意見が反映される人の数は多いが，少数意見が反映されにくい方法を，㋐〜㋓から選びなさい。

㋐ 全員の意見が一致するまで話し合う
㋑ 当事者の代表者が決める
㋒ 第三者が決める
㋓ 多数決で決める

❶	❶ A	B	C	❷	
	❸				
❷	❶	❷	❸		
	❹				
	❺				
❸	❶ ㋐	㋑	㋒		
	❷	❸			
	❹				
	❺				

❶ ／30点　❷ ／30点　❸ ／40点

［解答▶p.2］

Step 1	基本チェック	第1章 日本国憲法①	10分

次の問題に答えよう！ 間違った問題には□にチェックをいれて，テスト前にもう一度復習！

❶ 民主主義と日本国憲法 ▶ 教 p.29-40

解答欄

□ ❶ 国家が国民に何かを強制する力を何というか。

❶ _____

□ ❷ 民主主義に基づく政治を何というか。

❷ _____

□ ❸ 国のルールである［憲法］を作り，
国家権力の濫用を防ぐ考えを何というか。

❸ _____

□ ❹ 人であることで持つことのできる権利を何というか。

❹ _____

□ ❺ 法に基づいて権力を行使することを何というか。▶ 図1

❺ _____

□ ❻ 1889年に日本で発布された憲法を何というか。

❻ _____

□ ❼ 1946年に公布され，1947年に施行された日本の憲法を何というか。

❼ _____

□ ❽ 国家における最終的な意思決定を行う権力である［主権］が
国民にあることを何というか。▶ 図2

❽ _____

□ ❾ 日本国憲法では天皇の地位を何と規定しているか。

❾ _____

□ ❿ 天皇が行う形式的・儀礼的行為を何というか。

❿ _____

□ ⓫ 戦争を放棄し，戦力を持たないという日本国憲法の
三大原理の一つを何というか。▶ 図2

⓫ _____

□ ⓬ 日本の自衛のための必要最小限度の実力として
組織されたものを何というか。

⓬ _____

□ ⓭ 核兵器を「持たず，作らず，持ち込ませず」という原則を
何というか。

⓭ _____

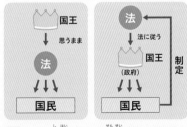

図1 人の支配（左）は専制政治のあり方，法の支配（右）は民主政治のあり方。

図2 1947年，中学生用に日本国憲法を説明するために作られた「あたらしい憲法のはなし」の挿絵。

市民革命などを経て，人権を守るためには，憲法や法律に基づいて行われる政治が必要であることが確立したんだね。

［解答 ▶ p.3］

Step 2　予想問題　第1章 日本国憲法①

1ページ
10分×3

第2部

【 民主主義と立憲主義 】

❶ 図を見て，次の問いに答えなさい。

☐ ❶ 右の図は10人で行った多数決の結果です。この結果から
考えられる問題を，㋐〜㋒から選びなさい。

　㋐ 賛成者が多い案が採用される。

　㋑ 採用されない案に賛成した人のほうが多くなる。

　㋒ 賛成者が少ない案は採用されない。

☐ ❷ 多数決で単に数が多いほうに決めるのではなく，
異なる立場の人たちで十分に話し合って合意点を見いだすことを，何の尊重いいますか。

```
A案に賛成…　①②③④
　（4人）
B案に賛成…　△5 △6 △7
　（3人）
C案に賛成…　8 9 10
　（3人）
```

【 人権保障と法の支配 】

❷ 年表を見て，次の問いに答えなさい。

☐ ❶ 年表中の A 〜 D にあてはまる語句を答えなさい。

　A（　　　　　　　　）　B（　　　　　　　　）

　C（　　　　　　　　）　D（　　　　　　　　）

☐ ❷ 年表中の a や b に影響を与えた
イギリスの思想家を，㋐〜㋒から選びなさい。
また，その思想家の考えを，㋕〜㋘から選びなさい。

　　　　　　人物（　　　　　）　考え（　　　　　）

年	国など	名前
1689	イギリス	（A）章典
1776	アメリカ	（B）宣言…a
1789	フランス	（C）宣言…b
1919	ドイツ	（D）憲法…c
1948	国際連合	世界人権宣言…d

　㋐ ルソー　　㋑ ロック　　㋒ モンテスキュー

　㋕ 専制政治を防ぐには，司法，立法，行政の権力が分立する必要がある。

　㋖ 人間は生まれながらに，生命・自由などの人権を持っている。

　㋗ 自由・平等を実現するには，人民が主権を持つ共同体を作るべきである。

☐ ❸ 年表中の c の憲法に初めて盛り込まれた権利としてあてはまるものを，
㋐〜㋒から選びなさい。

　㋐ 信教の自由や表現の自由などの自由権　　㋑ 教育や社会保障を受ける社会権

　㋒ 身分による差別をなくそうとする平等権

☐ ❹ 年表中の d について，次の文の￣￣￣にあてはまる語句を答えなさい。

「人権は，地球上のすべての人に保障すべき￣￣￣な権利となった。」

・・・

🔍ヒント　❷❷ 3人のうち，2人はフランスの思想家です。

✖ミスに注意　❷❸ 18世紀からの市民革命では，自由権が強調されました。

【日本国憲法の成立】

❸ 右の表を見て，次の問いに答えなさい。

表Ⅰ

□ ❶ 表Ⅰ中の A が発布された年と，
　　　B が公布された年をそれぞれ西暦で
　　　答えなさい。　A（　　　　　　　）
　　　　　　　　　　B（　　　　　　　）

A 大日本帝国憲法		B 日本国憲法
欽定憲法	性格	民定憲法
C	主権者	D
法律の範囲内で認められる…a	国民の権利	基本的人権の尊重
兵役，納税，（教育）	国民の義務	普通教育を受けさせる，勤労，納税
勅令により帝国議会で議決する	憲法改正	国会が発議し，国民投票を行う

□ ❷ 第二次世界大戦後，日本国憲法の改正
　　　案の基礎を作った組織を何といいますか。アルファベットの略称で答えなさい。
　　　（　　　　　　　）

□ ❸ 日本国憲法の成立過程において，
　　　最終的に決定した機関はどこですか。
　　　（　　　　　　　）

大日本帝国憲法第 1 条には「大日本帝国ハ万世一系ノ天皇之ヲ統治ス」とあるよ！

□ ❹ 表Ⅰ中の C・D にあてはまる語句を答えなさい。
　　　C（　　　　　　　）　　　D（　　　　　　　）

□ ❺ 表Ⅰ中の a について，次の問いに答えなさい。
　　① この権利は，天皇が与えたものとして保障されました。これを何の権利といいますか。
　　　（　　　　　　　）

　　② a によって起こった問題点としてあてはまるものを，㋐～㋓から選びなさい。
　　　㋐ 私有財産権が認められ，社会主義運動が生まれた。
　　　㋑ 治安維持法が制定され，不当な逮捕や拷問の被害者を生んだ。
　　　㋒ 天皇がすべての統治権を持つようになった。
　　　㋓ 国民の代表が集まる議会が設置された。
　　　（　　　　　　　）

□ ❻ 表Ⅱから，日本国憲法で定められている内容
　　　として正しいものを，㋐～㋓から選びなさい。
　　　（　　　　　　　）

表Ⅱ　日本国憲法の章立て

前文		第 6 章	司法
第 1 章	天皇	第 7 章	財政
第 2 章	戦争の放棄	第 8 章	地方自治
第 3 章	国民の権利及び義務	第 9 章	改正
第 4 章	国会	第10章	最高法規
第 5 章	内閣	第11章	補則

　　　㋐ 立憲主義をより実現するため，第 4 章以下で
　　　　 権力の分立を定めている。
　　　㋑ 天皇の地位を国民の統率者として，第 1 章に
　　　　 定めている。
　　　㋒ 第 2 章に国民の権利と義務を定め，第 3 章に
　　　　 平和主義を定めている。
　　　㋓ 憲法には地方のしくみについての規定はまったく定められていない。

・・・

💡 ヒント　❸❺②基本的人権が法律で制限できると，国民の自由は奪われてしまいます。

✕ ミスに注意　❸❻表Ⅱの第何章に何が定められているかを確認します。

［解答 ▶ p.3］

【国民主権】

❹ 次の問いに答えなさい。

□ ❶ 資料は日本国憲法の三大原理を示しています。
A と B にあたる原理を何といいますか。
A（　　　　　　　　） B（　　　　　　　　）

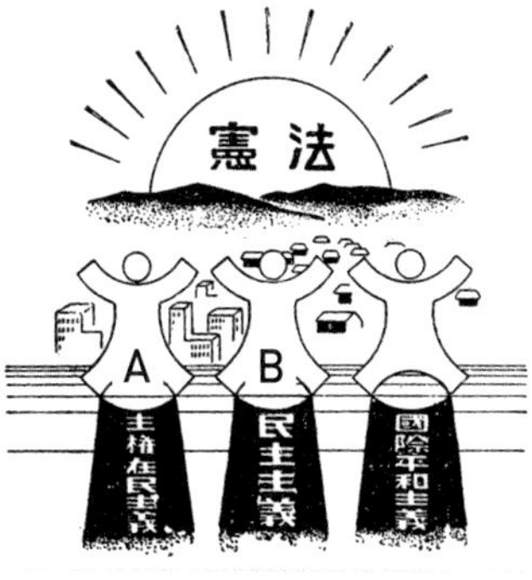

↑「あたらしい憲法のはなし」の挿絵(さしえ)

□ ❷ A は国民が政治に参加することです。中学生でもできる政治参加を，㋐～㋒から 1 つ選びなさい。（　　　）
㋐ 選挙で投票する。
㋑ 国会議員に立候補(りっこうほ)する。
㋒ 世論(せ(よ)ろん)に関心を持つ。

□ ❸ 日本国憲法では，天皇を次のように定めています。
文中の＿＿＿にあてはまる共通する語句を答えなさい。（　　　　　）
天皇は「日本国の＿＿＿であり日本国民統合の＿＿＿」（憲法第 1 条）だと定めている。

□ ❹ 天皇の国事行為(こくじこうい)としてあてはまるものを，㋐～㋓から 1 つ選びなさい。（　　　）
㋐ 条約(じょうやく)の調印　　㋑ 国会の召集(しょうしゅう)
㋒ 内閣総理大臣(ないかくそうりだいじん)の指名　　㋓ 都道府県知事の任命

【日本の平和主義】

❺ 次の条文を読んで，あとの問いに答えなさい。

…国権の発動たる（ A ）と，武力による威嚇又(いかくまた)は武力の行使は，国際紛争(ふんそう)を解決(かいけつ)する手段としては，永久にこれを放棄(ほうき)する。
陸海空軍その他の（ B ）は，これを保持しない。国の（ C ）はこれを認めない。

□ ❶ 文中の A ～ C にあてはまる語句を，㋐～㋔からそれぞれ選びなさい。
A（　　　　） B（　　　　） C（　　　　）
㋐ 戦力　㋑ 交戦権　㋒ 武力　㋓ 戦争　㋔ 軍備(ぐんび)

□ ❷ この条文は日本国憲法の第何条の一部ですか。（　　　　　）

□ ❸ この条文は日本が攻撃(こうげき)を受けた場合に自衛(じえい)する権利は放棄していないという考えに基づいて設置された，自衛のための必要最小限度(げんど)の実力としての組織を何といいますか。
（　　　　　）

□ ❹ ❸に関連して，日本と密接な関係の X 国が Y 国から武力攻撃(こうげき)を受けたとき，日本が Y 国に対して自衛権を行使できるかが議論になっています。
この権利を何といいますか。（　　　　　）

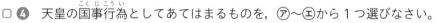

[ヒント] ❺❸ 自衛のための組織です。災害(さいがい)の救助なども大切な仕事になっています。

[ミスに注意] ❹❷ 選挙のときの投票や立候補には，選挙権や被(ひ)選挙権が必要です。

Step 1 基本チェック 第1章 日本国憲法②

10分

次の問題に答えよう！　間違った問題には□にチェックをいれて，テスト前にもう一度復習！

❶ 基本的人権の尊重　▶教 p.41-58

解答欄

□ ❶ 一人一人の人格を尊重し，生き方を大切にすることを何というか。

❶

□ ❷ 思想・良心の自由や信教の自由，学問の自由などを何というか。

❷

□ ❸ 住む場所を選ぶ自由や［職業選択］の自由，財産権などのことを何というか。

❸

□ ❹ すべての人が法の下に平等に生きる権利を何というか。

❹

□ ❺ 2019年に制定された，［アイヌ］の人々の誇りを尊重する社会づくりのための法律を何というか。

❺

□ ❻ 「健康で文化的な最低限度の生活」を営む権利を何というか。▶図1

❻

□ ❼ 義務教育が無償である根拠となる権利を何というか。

❼

□ ❽ ［団結権］，団体行動権，団体交渉権をまとめて何というか。

❽

□ ❾ 国民が自ら政治に参加する権利を何というか。

❾

□ ❿ 裁判所に法律上の権利の実現を求める権利を何というか。

❿

□ ⓫ 良好な環境で暮らせる権利を何というか。

⓫

❷ 法の支配を支えるしくみ　▶教 p.59-64

□ ⓬ 国の権力を［立法］・行政・司法の三つに分け，別の三つの機関に担わせるしくみを何というか。

⓬

□ ⓭ 憲法改正の［発議］を受けて行われることを何というか。▶図2

⓭

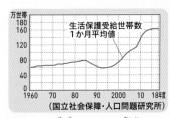

図1　生活保護受給世帯の推移　生活保護は生存権を保障するために整備された社会保障制度の一つ。

図2　法の構造図　下位の法が上位の法に違反する場合は無効になる。最上位が最高法規の憲法である。

憲法は最高法規であるので，改正には厳しい手続が定められ，最終的には国民が決定する権利を持っているんだね。

［解答 ▶ p.4］

Step 2 予想問題　第 1 章 日本国憲法②

1ページ 10分×3

【個人の尊重と憲法上の権利】

❶ 右の図を見て，次の問いに答えなさい。

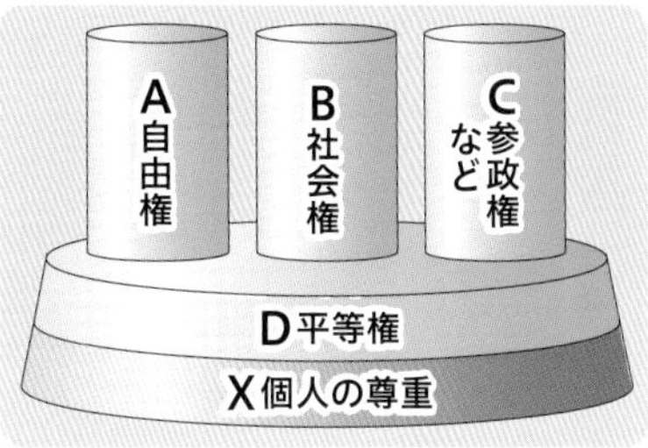

A 自由権
B 社会権
C 参政権 など
D 平等権
X 個人の尊重

□ ❶ 図は何の構成を表していますか。

（　　　　　　　　）の構成

□ ❷ X の内容について述べた文として正しいものを，㋐～㋒から選びなさい。（　　　）

㋐ 一人一人をかけがえのない存在として，平等に配慮し尊重すること。

㋑ 個人の尊厳を認め，ほかの人の行動にはいっさい干渉しないこと。

㋒ 個人の能力を尊重し，能力に応じて，違った扱いをすること。

□ ❸ 図中の A ～ D にあてはまる内容を，㋐～㋓から 1 つずつ選びなさい。

A（　　　）　B（　　　）　C（　　　）　D（　　　）

㋐ 住んでいる地方公共団体の議員を選挙で選ぶ。

㋑ 国民には教育を受ける権利がある。

㋒ 適正な手続きなしに刑罰を受けない。

㋓ すべての国民は法の下に平等である。

【自由権】

❷ 次の文章を読んで，あとの問いに答えなさい。

国家の行きすぎた命令や強制から，個人の自由を保障する権利を自由権という。a人々の多様な考え方を保障した（A）の自由，職業選択の自由やb財産権を保障した（B）の自由，活動するための自由の基礎となる（C）の自由の三つに分けられる。

□ ❶ 文中の A ～ C にあてはまる語句をそれぞれ書きなさい。

A（　　　　　）　B（　　　　　）　C（　　　　　）

□ ❷ 下線部 a の自由にあてはまるものを，㋐～㋒から選びなさい。（　　　）

㋐ 信仰する宗教を自由に選べる。　㋑ 住む場所を自由に選べる。

㋒ 不当な身体拘束を受けることはない。

□ ❸ 下線部 b について，発明やアイデアを守るための特許権や著作権のことをまとめて何といいますか。（　　　　　）

[ヒント] ❶❷ 個人の尊重には，一人一人を平等に尊重することが重要です。

[ミスに注意] ❷❷ 住む場所を選ぶのは，職業を選ぶとの同じような権利です。

[解答▶p.4]

【平等権と差別されない権利 / 日本社会の差別の現実】

❸ 右の年表を見て，次の問いに答えなさい。

年	主な出来事
1922	（X）が設立される
1945	a 第二次世界大戦が終結
1965	b 同和対策審議会が答申を提出
1997	アイヌ文化振興法が施行
1999	（A）が公布
2016	（B）が公布
2019	（C）が施行

□ ❶ 年表中のXにあてはまる語句を書きなさい。（　　　）

□ ❷ 年表中のA～Cにあてはまる法律を，㋐～㋓から1つずつ選びなさい。 A（　　） B（　　） C（　　）

㋐ アイヌ施策推進法
㋑ 部落差別解消推進法
㋒ 男女雇用機会均等法
㋓ 男女共同参画社会基本法

□ ❸ 下線部aの後も日本に残り，現在も日本に暮らす朝鮮出身の人たちを何といいますか。（　　　）

□ ❹ 下線部bでは，部落差別をなくすことはどこの責務であるといっていますか。（　　　）

【社会権】

❹ 次の文章を読んで，あとの問いに答えなさい。

a社会権は，1919年にドイツの（X）憲法で初めて定められたとされる。20世紀に入り，人間らしい生活を支えるのは国の義務であるという考えから，b福祉国家という考え方が生まれた。

□ ❶ 文中のXにあてはまる語句を書きなさい。（　　　）

□ ❷ 下線部aの一つである労働基本権について，次の権利を何といいますか。

① 労働者が労働組合を結成する権利（　　　）
② 労働者が団体で雇用者と交渉する権利（　　　）
③ 労働者が団体でストライキなどの行動を起こす権利（　　　）

□ ❸ 下線部bに関連して，次の日本国憲法第25条の［　　］にあてはまる語句を，下の㋐～㋓から選びなさい。また，この条文が示す権利を答えなさい。

「すべて国民は，健康で［　　］な最低限度の生活を営む権利を有する。」

語句（　　　）　権利（　　　）

㋐ 公衆衛生的　㋑ 文化的
㋒ 個人的　㋓ 現実的

第25条の条文は重要だよ。しっかり覚えておこう！

ヒント ❹❶ ドイツにある都市の名前です。

ミスに注意 ❸❷ 男女雇用機会均等法が制定されたのは1985年です。

［解答▶p.4］

【 政治に参加する権利と人権を守るための権利 / これからの人権を考える 】

❺ 次の文章を読んで，あとの問いに答えなさい。

　　国家は，（　　）の実現のためにある。そのため，権利の濫用を禁じ，（　　）のため
に利用することと定めている。（　　）のためには人権を守る権利が必要であり，a参政
権やb国務請求権などが定められている。そして，日本国憲法には，c国民の義務も三つ
定められている。また，技術革新などにともないd新しい人権も生まれた。

☐ ❶ 文中の（　　）に共通してあてはまる語句を 5 文字で書きなさい。　（　　　　　　　）
☐ ❷ 下線部 a の参政権は，日本国憲法の三大原理のうちの一つを実現するためのものです。
　　その原理を答えなさい。　（　　　　　　　）
☐ ❸ 下線部 b について，請求権にあてはまらないものを，㋐〜㋑から選びなさい。
　　　　　㋐　請願権　　㋑　裁判を受ける権利　　㋒　教育を受ける権利　　㋓　国家賠償請求権
☐ ❹ 下線部 c の三つの義務のうち，二つは義務であると同時に権利でもあります。
　　権利でないものを書きなさい。　（　　　　　　　）
☐ ❺ 下線部 d について，国民主権の立場から認められるようになった，
　　国民が国家の情報の公開を求める権利を何といいますか。　（　　　　　　　）

【 権力の分立 / 憲法の保障・改正と私たち 】

❻ 次の文章を読んで，あとの問いに答えなさい。

　　日本では（　㋐　）権は国会，（　㋑　）権は内閣，司法権は裁判所が担う（　㋒　）
がとられている。国会が作った法律は違憲審査でa最高裁判所が違憲と判断すると無効と
なる。また，日本国憲法はb最高法規であるので，c改正には厳しい手続が定められている。

☐ ❶ 文中の㋐〜㋒にあてはまる語句を書きなさい。
　　　　㋐（　　　　　）　　㋑（　　　　　）　　㋒（　　　　　）
☐ ❷ 下線部 a の最高裁判所は，違憲審査の最終的な判断を行うことから何といわれていますか。
　　（　　　　　　　）
☐ ❸ 下線部 b について，権力者が憲法違反をした場合，権力者の憲法違反を禁じ，
　　憲法が維持される。このことを何といいますか。　（　　　　　　　）
☐ ❹ 下線部 c について，憲法改正の発議に必要な各議院の賛成票を，㋐〜㋓から選びなさい。
　　　㋐　総議員の過半数　　　　㋑　出席議員の過半数
　　　㋒　総議員の 3 分の 2 以上　　㋓　出席議員の 3 分の 2 以上

ヒント ❺❷三大原理は，国民主権，基本的人権の尊重，平和主義です。
ミスに注意 ❺❸裁判を受ける権利は，裁判を請求することです。

Step 3　予想テスト　第1章　日本国憲法

30分　／100点　目標70点

❶ 右の資料を見て，次の問いに答えなさい。 各5点

□ ❶ 資料中で「人の支配」を示しているのは，
　　A・Bのどちらですか。

□ ❷ 「人の支配」にあてはまるものを，
　　㋐〜㋒から選びなさい。

　　㋐ 人民の，人民による，人民のための政治
　　㋑ 国王や貴族の一部の人が国の権力を持つ政治
　　㋒ 国民に選ばれた議会が最も強い権力を持つ政治

□ ❸ すべての人が意見を持ち寄り，
　　方針やルールの決定に参加して行う政治を何といいますか。

□ ❹ ❸の政治が生まれる過程における㋐〜㋔のできごとを，年代の古い順に記号を書きなさい。
　　㋐ 大日本帝国憲法が発布される。　　㋑ アメリカ独立宣言が発表される。
　　㋒ フランス人権宣言が発表される。　　㋔ 権利章典が発表される。

□ ❺ 資料でA・Bともに法で支配されていますが，Bでは国王も法に従わなければなりません。
　　その理由を「国民」「代表」の語句を用いて，簡単に書きなさい。 思

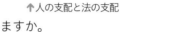
↑人の支配と法の支配

❷ 右の資料を見て，次の問いに答えなさい。 各5点，❹10点

□ ❶ 日本国憲法の公布日と施行日を書きなさい。

□ ❷ 国民主権について述べた文として誤っているものを，
　　㋐〜㋒から選びなさい。

　　㋐ 国会は，天皇の協賛機関である。
　　㋑ 憲法改正には国民投票による信任が必要である。
　　㋒ 国民に国の政治の最終的な決定権がある。

□ ❸ 基本的人権として，社会権にあてはまるものを，
　　㋐〜㋔から選びなさい。 技

　　㋐ 自分で自由に職業を選ぶことできる。
　　㋑ 働いている会社で労働組合を結成できる。
　　㋒ 信仰する宗教を仏教からキリスト教に変えることができる。
　　㋔ 生活するうえでの日照を求めることができる。

↑日本国憲法の三大原理

□ ❹ 新しい人権である知る権利は，国民主権を守るために必要なものです。
　　その理由を簡単に書きなさい。 思

□ ❺ 平和主義に関連して，日本が核兵器に対してかかげている非核三原則とは
　　どのようなものですか，簡単に書きなさい。

❸ 次の文章を読んで，あとの問いに答えなさい。　各 5 点

　　日本国憲法では，ₐ自衛権の行使は例外的に認められると解釈され，自衛隊が組織された。
　近年は，国連の（　　）や，国際的な海賊対策への参加などの活動も行っている。

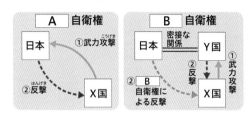

↑自衛権の種類

□❶ 文中の（　　）にあてはまる語句を
　　アルファベットの略称で書きなさい。
□❷ 下線部 a について，右の資料中の A・B に
　　あてはまる語句を書きなさい。
□❸ 資料中の日本と密接な関係の国として
　　アメリカがあります。
　　軍事に関して日本とアメリカの間で結ばれている条約を何といいますか。

❹ 右の資料を見て，次の問いに答えなさい。　各 5 点，❸10 点

□❶ 資料中の A ～ C の組み合わせとして正しいものを，
　　㋐～㋓から選びなさい。技
　　㋐　A－立法，B－司法，C－行政
　　㋑　A－立法，B－行政，C－司法
　　㋒　A－司法，B－立法，C－行政
　　㋓　A－司法，B－行政，C－立法
□❷ 資料中の X にあてはまる語句を書きなさい。
□❸ 国の政治のしくみに三権分立がとりいれられている理由を，
　　「権力」の語句を使って書きなさい。

↑三権分立

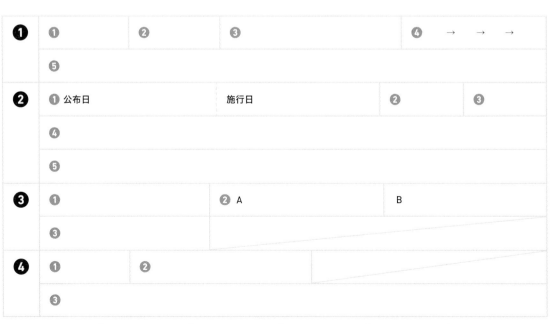

Step 1 基本チェック　第 2 章 民主政治①

10分

次の問題に答えよう！　間違った問題には□にチェックをいれて，テスト前にもう一度復習！

❶ 民主政治と私たち　▶ 教 p.67-76

解答欄

- □ ❶ 国や地方公共団体の働きを一般的に何というか。
- □ ❷ 有権者全員が参加して政治を決める方法を何というか。
- □ ❸ 選挙で選ばれた代表者によって政治を行う方法を何というか。▶ 図1
- □ ❹ 政治家が政権をとったときに実現する約束を何というか。
- □ ❺ 政権を担当する［与党］に対し，担当しない政党を何というか。
- □ ❻ 政党を中心に国会運営などを行う政治のしくみを何というか。
- □ ❼ 選挙の 4 原則は［普通選挙］と秘密選挙と直接選挙と何か。

❶
❷
❸
❹
❺
❻
❼

❷ 国の政治のしくみ①　▶ 教 p.77-86

- □ ❽ 唯一の［立法］機関であり，国権の［最高］機関は何か。
- □ ❾ 国会が衆議院と［参議院］からなる制度を何というか。
- □ ❿ 衆議院に参議院よりも強い権限があることを何というか。
- □ ⓫ 国会の審議は分野ごとに［委員会］で行われ，その決定を経て決議されるのはどこか。
- □ ⓬ 内閣の最高責任者を何というか。
- □ ⓭ 内閣が国会に連帯して責任を負う制度を何というか。▶ 図2
- □ ⓮ 行政の組織や業務の効率化を図ることを何というか。

❽
❾
❿
⓫
⓬
⓭
⓮

図1 直接民主制と間接民主制　間接民主制は代表者が議会で討議することから議会制民主主義ともいう。

図2 議院内閣制　内閣総理大臣を議会が選び，議会の信任によって内閣が成り立つ。

内閣は，衆議院が内閣不信任決議を可決すると，10日以内に衆議院を解散するか，総辞職しなければならないんだね。

［解答 ▶ p.6］

Step 2　予想問題　第2章 民主政治①

1ページ
10分×3

【 国民の願いを実現するために / 世論とマスメディア 】

❶ 次の文章を読んで，あとの問いに答えなさい。

　（　㋐　）には，社会秩序を保ち利益を増進させる働きが求められている。日本では a議会制民主主義のもとで（　㋑　）が開かれ， b世論に耳を傾けながら，討議が行われる。新聞などの（　㋒　）は， c政治が国民に約束した通りに行われているかを知らせる。しかし，伝えられる d情報を冷静に判断する力が国民に求められる。

□❶ 文中の㋐〜㋒にあてはまる語句をそれぞれ書きなさい。

　　㋐（　　　　　）　　㋑（　　　　　）　　㋒（　　　　　）

□❷ 下線部 a について，代表者を選び，政治を行う制度を何といいますか。

（　　　　　）

□❸ 下線部 b にあてはまるものを，㋐〜㋔から選びなさい。　（　　　　）

　　㋐ 昔から世の中に伝わる説話　　㋑ 世界の民族ごとの考え方
　　㋒ 人々が毎日行う習慣　　㋓ 多くの人々の政治に関する意見

□❹ 下線部 c で，政治家が選挙のときに有権者にする約束を何といいますか。

（　　　　　）

□❺ 下線部 d で，情報の内容が正しいかなどを判断できる能力を何といいますか。

（　　　　　）

【政党の役割】

❷ 右の図を見て，次の問いに答えなさい。

□❶ 政権を担当する図中の A 党を何といいますか。

（　　　　　）

□❷ 複数の政党が集まって政権を担当することを
何といいますか。　（　　　　　）

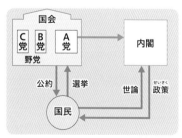

□❸ 図のように，国会の運営を政党が中心となって
行うしくみを何といいますか。　（　　　　　）

□❹ 日本では，1955年以後，ほぼ同じ党が政権を担当し，1990年代まで続いたことから，55年体制といわれます。政権を担当していた政党を，㋐〜㋓から1つ選びなさい。

　　㋐ 日本社会党　　㋑ 日本共産党
　　㋒ 自由民主党　　㋓ 民主党　　（　　　　）

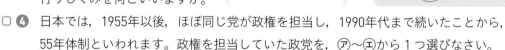

ヒント ❶❷国民全員が直接政治に参加することが難しいので，代表者を選ぶようになりました。

ミスに注意 ❷❶政党は政権を担当している政党以外はすべて野党です。

【選挙制度とその課題】

❸ 次の問いに答えなさい。

□ ❶ 右の図中の A・B にあてはまる選挙制度を
それぞれ何といいますか。

A（　　　　　　　）

B（　　　　　　　）

□ ❷ 図中の A の選挙制度についての説明として
最もあてはまるものを，
㋐～㋒から選びなさい。　　（　　　　　）
㋐ 人々の意見が反映されやすい。
㋑ 大きな政党が有利になる。
㋒ 多くの政党が乱立し，政治が不安定になりやすい。

□ ❸ 選挙において，当選に反映されない票を何といいますか。　　（　　　　　　　）

投票先	得票数	結果
A 候補者に投票	a候補8票 b候補7票 c候補3票	最多得票の1人が当選　a候補 b候補 c候補
B 政党に投票	a党 15票	政党の得票数に応じて当選
	b党 10票	
	c党 5票	

【国会の役割としくみ】

❹ 右の表を見て，次の問いに答えなさい。

□ ❶ 表中の A・B にあてはまる数字を答えなさい。
A（　　　　　）　　B（　　　　　）

□ ❷ 国会が衆議院と参議院の二院で構成される制度を
何といいますか。　　（　　　　　　　）

□ ❸ 表から，国民の意思がより反映されやすい
議院により強い権限を与えています。
これを何といいますか。　　（　　　　　　　）

□ ❹ 国会の権限で設けられる，重大なあやまちのあった裁判官の解職を
判断するものを何といいますか。　　（　　　　　　　）

□ ❺ 国会の仕事としてあてはまるものを，㋐～㋔から2つ選びなさい。
（　　　　　）（　　　　　）

㋐ 国会議員の中から内閣総理大臣を指名する。
㋑ 裁判が正しく行われているかを調べるため，裁判官を国会に呼ぶ。
㋒ 国の税金の使いみちを決める予算案を作成する。
㋓ 最高裁判所以外の裁判官を指名する。
㋔ 内閣が外国と締結した条約の承認をする。

□ ❻ 衆議院と参議院で議決が一致しなかった場合，調整するために開かれる会を
何といいますか。　　（　　　　　　　）

	衆議院	参議院
任期	4年（解散がある）	6年 ※3年ごとに半数改選
選挙権	18歳以上	18歳以上
被選挙権	（A）歳以上	（B）歳以上
解散	ある	ない

↑衆議院と参議院の比較

┈┈┈┈┈┈┈┈┈┈┈┈┈┈┈┈┈┈

ヒント ❸❶小選挙区制では，政党に投票することはありません。

ミスに注意 ❹❺国会は，内閣が提出した予算案を審議して議決します。

【国会の現状と課題】

❺ 右の表を見て，次の問いに答えなさい。

□ ❶ 表中のＡ～Ｃにあてはまる語句を書きなさい。

Ａ（　　　　　　）
Ｂ（　　　　　　）
Ｃ（　　　　　　）

種類	召集
Ａ	年１回，１月に召集（会期は150日間）
Ｂ	内閣または，いずれかの議院の総議員の４分の１以上の要求がある場合
Ｃ	衆議院解散後の総選挙の日から30日以内
参議院の緊急集会	衆議院解散中に，緊急の必要がある場合

↑国会の種類

□ ❷ 国会の会議について説明した，㋐・㋑にあてはまる会議の名称を書きなさい。

㋐ 各議院のすべての議員で構成される議決を行う会議（　　　　　　）

㋑ さまざま分野について専門の議員が集まって議論する会議（　　　　　　）

国会では，専門的な審議を行うためにたくさんの委員会が置かれているよ！

□ ❸ 国会で審議する法案の中には，議員が法案を提出したものがあります。こうした法案を何といいますか。（　　　　　　）

【内閣の役割としくみ / 行政の役割と課題】

❻ 次の文章を読んで，あとの問いに答えなさい。

行政機関の責任機関である内閣は内閣総理大臣とa国務大臣からなり，政府の方針は全員出席の（　㋐　）で全会一致で決める。また，b内閣は国会に対して連帯して責任を負う制度が取り入れられている。近年は，行政の役割が増え，行政権の拡大が問題となっている。そのために，c行政改革や地方に国の権限や財源を移す（　㋑　）が行われている。

□ ❶ 文中の㋐・㋑にあてはまる語句を書きなさい。

㋐（　　　　　　）　㋑（　　　　　　）

□ ❷ 下線部ａについての説明としてあてはまるものを，㋐～㋓から選びなさい。（　　　　　　）

㋐ すべて衆議院議員である。　　㋑ 過半数は国会議員である。
㋒ 過半数は国会議員以外である。　　㋓ 国会によって任命される。

□ ❸ 下線部ｂのように，内閣が国会の信任のうえに成り立ち，内閣が国会に対して連帯責任を負う制度を何といいますか。（　　　　　　）

□ ❹ 下線部ｃの一つとして，国が行っていたものを民間でもできるようにするなど，民間が参入しやすくすることを何といいますか。（　　　　　　）

ヒント　❺❶特別会（特別国会）は，衆議院議員総選挙後に召集されます。

ミスに注意　❻❷国務大臣の任免権は内閣総理大臣にあります。

［解答▶p.6］

Step 1 基本チェック　第 2 章 民主政治②

 10分

次の問題に答えよう！　間違った問題には□にチェックをいれて，テスト前にもう一度復習！

❶ 国の政治のしくみ② ▶ 教 p.87-92

□ ❶ 権利の対立を憲法や法律によって解決する働きを何というか。　❶＿＿＿＿＿

□ ❷ 一つの事件について 3 回まで裁判が受けられる制度を
何というか。▶ 図1　❷＿＿＿＿＿

□ ❸ 被疑者や［被告人］は有罪の判決を受けるまで
無罪とみなされることを何というか。　❸＿＿＿＿＿

□ ❹ ［司法制度改革］で始まった，20歳以上の国民が裁判に参加する
制度を何というか。　❹＿＿＿＿＿

❷ 地方自治と私たち ▶ 教 p.93-106

□ ❺ 「［民主主義］の学校」とよばれ，住民が地方政治に
取り組むしくみを何というか。　❺＿＿＿＿＿

□ ❻ 国と地方公共団体が対等の関係で仕事が行えるしくみを何というか。　❻＿＿＿＿＿

□ ❼ 都道府県や市町村が独自に定める法を何というか。　❼＿＿＿＿＿

□ ❽ 住民が署名を集め首長の解職などを求める権利を何というか。　❽＿＿＿＿＿

□ ❾ 地方公共団体が税金などをもとに
さまざまな事業を行うことを何というか。　❾＿＿＿＿＿

□ ❿ ❾の格差是正のために国から配分される資金を何というか。▶ 図2　❿＿＿＿＿

□ ⓫ 地方税などの［自主財源］以外の財源を何というか。　⓫＿＿＿＿＿

□ ⓬ 近年の選挙で，特に若い世代の低下傾向が続くものは何か。　⓬＿＿＿＿＿

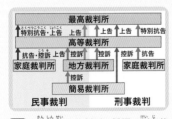

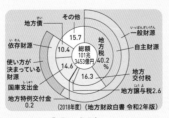

地方財政で自主財源が少ないと，地方独自の政策を行うのが難しくなるね。

図1　三審制と裁判所の種類　刑事裁判では第二審は原則，高等裁判所で行われる。

図2　地方財政の歳入　地方財政では，依存財源のほうが自主財源よりも割合が高くなっている。

［解答 ▶ p.8］

Step 2 予想問題 : **第 2 章 民主政治②**

1ページ 10分×3

【 私たちの生活と裁判 】

❶ 右の図を見て，次の問いに答えなさい。

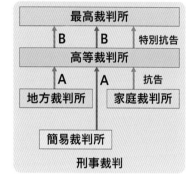

図：

最高裁判所 ← B ← B ← 特別抗告 ← 高等裁判所 ← A ← A ← 抗告 ← 地方裁判所・家庭裁判所 ← 簡易裁判所 ← 刑事裁判

- ☐ ❶ 図中の A・B にあてはまる語句を書きなさい。
  A（　　　　　　　） B（　　　　　　　）
- ☐ ❷ 図のように 3 回まで裁判が受けられる制度を
  何といいますか。 （　　　　　　　）
- ☐ ❸ 民事裁判と刑事裁判の裁判の対象になるものを，
  ㋐〜㋓から 2 つずつ選びなさい。
  民事裁判（　　　）（　　　）
  刑事裁判（　　　）（　　　）
  ㋐ 空き巣で逮捕された。　　　㋑ 公害で国を訴える。
  ㋒ 出版物の発行を差し止める。　　㋓ 自動車のスピードの出しすぎで逮捕された。
- ☐ ❹ 民事裁判で，裁判所に訴えを起こした人を何といいますか。（　　　　　　　）
- ☐ ❺ 刑事裁判で，罪を犯したと疑われた人を裁判所に起訴する人を何といいますか。
  （　　　　　　　）

【人権を守る裁判とその課題】

❷ 次の文章を読んで，あとの問いに答えなさい。

　　刑事裁判では，ₐ人権が手厚く保障され，被疑者や被告人は有罪の判決を受けるまでは推定無罪の原則がある。また，近年進められているᵦ司法制度改革では，法科大学院の創設やₖ裁判員制度が行われるようになった。

- ☐ ❶ 下線部 a では，捜索や逮捕の段階で，捜索令状や逮捕令状が必要です。
  令状を発行するのはだれですか。 （　　　　　　　）
- ☐ ❷ 下線部 b が進められている理由としてあてはまるものを，
  ㋐〜㋒から選びなさい。 （　　　　　　　）
  ㋐ 司法権が拡大したので，合理化をするため。
  ㋑ 司法を国民の身近なものにするため。
  ㋒ 法曹（裁判官・検察官・弁護士）の数が増えすぎたため。
- ☐ ❸ 下線部 c について，裁判員として裁判に参加するのは何人ですか。 （　　　　　　　）

日本では法曹の人口が他の先進国に比べて少ないんだよ。！

- -

💡ヒント ❶❶第一審に不服で第二審を求めるのが控訴，第三審を求めるのが上告です。

✗ミスに注意 ❶❹刑事裁判で起訴された人は被告人といいます。

【 地方自治と地方公共団体 】

❸ 次の文章を読んで，あとの問いに答えなさい。

　　国全体を担う国の政治に対し，都道府県や市町村などの（ A ）は，身のまわりの諸問題について取り組んでいる。a（ A ）の仕事は，住民の生活に密接に結びついているため，（ B ）の原則がとられている。私たちがみずから地方の政治に取り組むしくみがb地方自治である。

□ ❶　文中の A ・ B にあてはまる語句を書きなさい。

　　　　　　　　　　　　　　　　　　　　　　A（　　　　　　　　　　） B（　　　　　　　　）

□ ❷　下線部 a にあてはまる仕事を，㋐〜㋕からすべて選びなさい。　（　　　　　　　　　）
　　　㋐　住民票などの発行　　　㋑　国防予算の編成　　　㋒　裁判所の運営
　　　㋓　消防や警察の運営　　　㋔　上下水道の整備　　　㋕　小・中学校の整備

□ ❸　下線部 b について，住民が直接参加できる場面が多いことから，何といわれますか。

　　　　　　　　　　　　　　　　　　　　　　　　　　　　　　（　　　　　　　　　　　）

【 地方公共団体のしくみと政治参加 】

❹ 右の図を見て，次の問いに答えなさい。

□ ❶　図中の A にあてはまる都道府県の首長を
　　　何といいますか。　　　　　　　　（　　　　　　　　）

□ ❷　図中の B にあてはまる語句を書きなさい。
　　　　　　　　　　　　　　　　　　（　　　　　　　　）

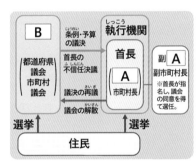

□ ❸　図中の B で制定する条例の説明として正しいものを，
　　　㋐〜㋒から 1 つ選びなさい。　　（　　　　　　　　）
　　　㋐　法律よりも強い権限がある法である。
　　　㋑　制定した地方公共団体の住民だけに適用される法である。
　　　㋒　制定した地方公共団体にのみ適用される法である。

□ ❹　図中の住民には直接請求権が認められています。次の直接請求に必要な
　　　最低の署名数を，㋐〜㋓から 1 つずつ選びなさい。
　　　① 市町村長の解職請求　　　　　　　（　　　　　　　　）
　　　② 条例の制定・改廃請求　　　　　　（　　　　　　　　）
　　　㋐　有権者の 2 分の 1 以上　　　㋑　有権者の 3 分の 1 以上
　　　㋒　有権者の30分の 1 以上　　　㋓　有権者の50分の 1 以上

□ ❺　住民などによる組織で，まちづくりやボランティアなどの社会貢献活動を行う，
　　　営利を目的としない団体をアルファベットの略称で何といいますか。（　　　　　　　　）

- -

💡ヒント　❸❸すべての人が決定に参加するという考え方が民主主義です。

❌ミスに注意　❹❹解散請求や議会の解散請求には，より多くの署名が必要です。

【 地方財政の現状と課題 】

❺ **右のグラフを見て，次の問いに答えなさい。**

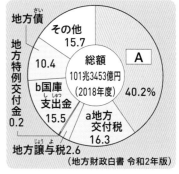
↑地方公共団体の歳入

□ ❶ グラフ中の A は，住民税や事業税などのことです。
A にあてはまる語句を書きなさい。

（　　　　　　　　　）

□ ❷ A の財源は，地方公共団体が自主的に集める
財源であることから何といいますか。

（　　　　　　　　　）

□ ❸ グラフ中の a・b の説明として正しいものを，
㋐〜㋓から選びなさい。

a（　　　　　）　　b（　　　　　）

㋐ 義務教育や公共事業など使い方が決められている。
㋑ 国からの財源移譲のために支給されている。
㋒ 地方公共団体ごとの財政格差を是正するために配分されている。
㋓ 地方公共団体の面積に応じて配分されている。

□ ❹ 自立した地方財政の実現には，無駄を省くことも必要です。そのためには，
住民がどのようなことにお金が使われているかを監視することも重要です。
行政を監視するために，住民からの要求を受け調査・監視する制度が多くの地域に
作られています。この制度を何といいますか。　　　　　　　（　　　　　　　　　）

【 私たちと政治参加 】

❻ **右のグラフを見て，次の問いに答えなさい。**

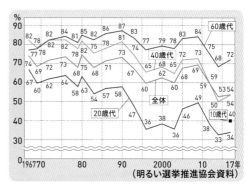
↑衆議院議員選挙の年代別投票率

□ ❶ グラフから，20歳代に低下傾向が見られる，
投票に行かないことを何といいますか。

（　　　　　　　　　）

□ ❷ グラフのような投票結果によって
起こると考えられる問題を，
㋐〜㋒から選びなさい。　　（　　　　　）
㋐ 高齢者の意見が政治に反映しにくくなる。
㋑ 若者の意見が政治に反映しにくくなる。
㋒ 選挙活動が行われなくなる。

□ ❸ グラフで，法律が改正され，2017年には10歳代が投票しています。
このとき改正により，選挙権は何歳以上になりましたか。　　（　　　　　　　　）

- -

ヒント ❺❷住民税や事業税は地方公共団体が徴収できる資金です。

ミスに注意 ❻❷投票する人が少ないほど，政治への影響が小さくなります。

Step 3 予想テスト

第 2 章 民主政治

30分　/100点　目標 70点

❶ 次の文章を読んで，あとの問いに答えなさい。 各 5 点

現代の政治は，選ばれた代表者による（ ㋐ ）民主制で行われている。代表を選ぶための a選挙では，政党が国民の b世論をもとに， c政権獲得の際には実現することを政権（ ㋑ ）で約束し，支持を得ようとする。

□ ❶ 文中の㋐・㋑にあてはまる語句を書きなさい。

□ ❷ 下線部 a について，次の問いに答えなさい。

① 衆議院議員総選挙で導入されている選挙制度を何といいますか。

② 資料のような一票の格差が憲法に違反するといわれる理由を，簡単に書きなさい。[思]

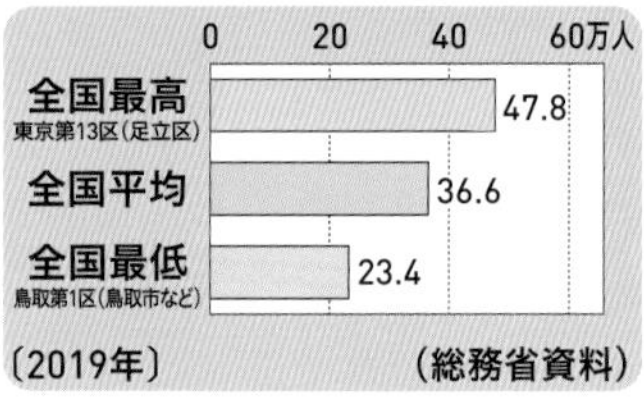

↑衆議院選挙区における議員 1 人あたりの有権者数

点UP

□ ❸ 下線部 b の形成に大きな役割を果たすマスメディアの情報の真偽を判断し，処理できる能力を何といいますか。

□ ❹ 下線部 c について，政権を獲得した政党を何といいますか。

❷ 右の資料を見て，次の問いに答えなさい。 各 5 点

□ ❶ 資料中の A ・ B にあてはまるものを，㋐〜㋓から 1 つずつ選びなさい。

㋐ 参議院の解散　　㋑ 衆議院の解散

㋒ 内閣不信任の決議　　㋓ 国務大臣の指名

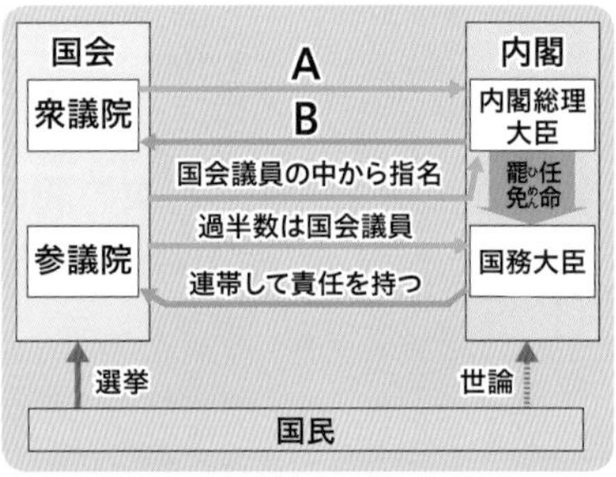

↑議院内閣制

□ ❷ 資料中の国会について，次の問いに答えなさい。

① 国会に設置される弾劾裁判所で裁判されるのは何の役職の人ですか。

② 国会は衆議院と参議院の二院制をとっています。その理由を書きなさい。[思]

□ ❸ 資料中の内閣について，次の問いに答えなさい。

① 内閣について述べた文として正しいものを，㋐〜㋒から選びなさい。

㋐ 内閣総理大臣には一般的に野党の党首がなる。

㋑ 内閣で政府の方針を決める閣議の決定は全会一致である。

㋒ 内閣は政治が正しく行われているかを調べる国政調査権を持つ。

② 国や地方などの行政機関で働く人を何といいますか。

③ 行政改革が進められていますが，許可や認可の権限を行政機関から少なくしていこうという動きを何といいますか。

 成績評価の観点 [技]…資料活用の技能 [思]…社会的な思考・判断・表現

❸ 右の資料を見て，次の問いに答えなさい。 各5点

□ ❶ 資料中のXにあてはまる語句を書きなさい。[技]

□ ❷ 資料が第一審の場合，判決に不服のとき，第二審を求めることを何といいますか。[思]

□ ❸ 資料が示している裁判は民事裁判と刑事裁判のどちらの裁判ですか。[技]

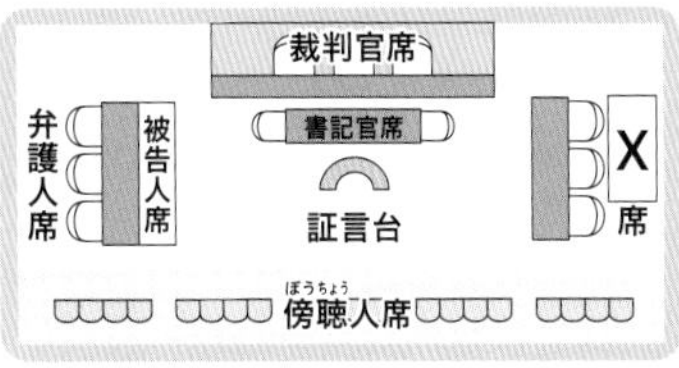

↑裁判の法廷の模式図

❹ 次の文章を読んで，あとの問いに答えなさい。 各4点

地方政治は，住民の選挙で選ばれた議員で構成される地方議会と，長である（　　）によって行われ，国政と異なり広く a直接民主制をとり入れている。地方財政の歳入は，b国から支給される資金の割合が大きな比率を占めている。私たちも c国や地方の政治に進んで参加することを考えよう。

□ ❶ 文中の（　　）にあてはまる語句を書きなさい。

□ ❷ 下線部aについて，住民の署名により議会の解散請求が行われた場合，その後，何によって過半数の賛成を得ると議会は解散しますか。

□ ❸ 下線部bについて，次の問いに答えなさい。

① 資料から，国から支給される資金は全体の何％になりますか。ただし，その他は考えないこととします。[技]

② 資料の歳入には地方公共団体の借金も含まれています。借金にあたる語句を書きなさい。

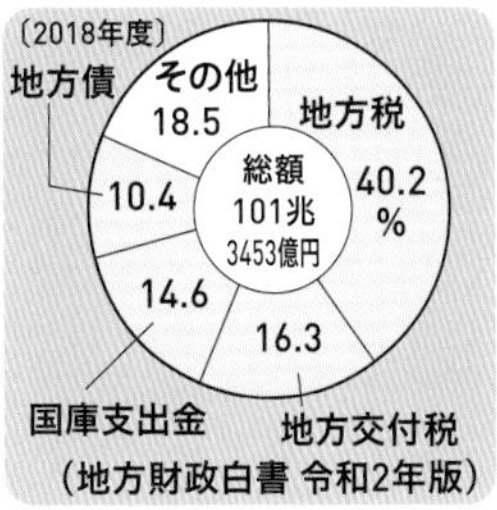

↑地方財政の歳入

□ ❹ 下線部cについて，近年，選挙で棄権する人が増えています。選挙を棄権すると，何を失うことになりますか，簡単に書きなさい。

❶	❶㋐	㋑	❷①
	❷②		
	❸	❹	
❷	❶ A	B	❷①
	❷②		
	❸①	②	③
❸	❶	❷	❸
❹	❶	❷	❸①
	❸②	❹	

❶ /30点 ❷ /35点 ❸ /15点 ❹ /20点

［解答▶p.9］

Step 1 基本チェック ● 第 1 章 市場経済① 10分

次の問題に答えよう！ 間違った問題には□にチェックをいれて，テスト前にもう一度復習！

❶ 私たちの生活と経済 ▶ 教 p.109-116

解答欄

□ ❶ 商品を生産し，購入して［消費］する活動を何というか。▶ 図1   ❶

□ ❷ 商品を多くの人が分担して作ることを何というか。   ❷

□ ❸ ［交換］，価値尺度，貯蔵の役割を持つ，経済活動に使うものを   ❸
何というか。

□ ❹ 商品を［選択］する必要があるのは，何が限られているからか。   ❹

□ ❺ ❹が私たちが欲しい量に対して不足している状態を何というか。   ❺

□ ❻ 消費者が，価格が高いと減らす，購入する量を何というか。▶ 図2   ❻

□ ❼ 企業が，価格が低くなると減らす，作る量を何というか。   ❼

□ ❽ 少数の売り手が決めた価格は［寡占］価格という。さらに，   ❽
一人の売り手が決めた価格を何というか。

❷ 消費者と経済 ▶ 教 p.117-126

□ ❾ 個人や家族の経済活動の単位を何というか。   ❾

□ ❿ 現在の所得を将来の消費に備えてためることを何というか。   ❿

□ ⓫ 商品が生産され，消費者に購入されるまでの流れを何というか。   ⓫

□ ⓬ 商品を消費者に売るのは小売業，小売業に売る業種は何というか。   ⓬

□ ⓭ 商品の欠陥による被害の救済を企業に義務づけた法律を何というか。   ⓭

□ ⓮ 消費者行政を行うために2009年に設置された行政機関を何というか。   ⓮

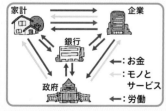

図1 経済活動は，家計，企業，政府間の商品とお金の交換による循環によって成り立っている。

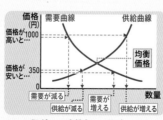

図2 需要量と供給量が一致する価格が均衡価格。自由競争が行われる市場では価格は均衡価格に向かっていく。

需要量が同じでも供給量が減ると価格は上昇するよ。野菜のように生産量の変化が大きい場合，価格の変化も大きいよ。

[解答 ▶ p.10]

Step 2　予想問題　第 1 章 市場経済①

1ページ
10分×3

【 経済活動とお金の役割 】

❶ 次の文章を読んで，あとの問いに答えなさい。

（　ア　）は，企業などが_a商品を生産して，それを（　イ　）することにより成り立っている。商品は役割を分担した多くの人の（　ウ　）によって作られ，お金と交換される。_bお金はスムーズに商品と交換でき，また商品の価値を測る（はか）ことができるので，_c家計（かけい）や（　エ　），企業の間で循環（じゅんかん）している。

☐ ❶　文中の㋐〜㋔にあてはまる語句を書きなさい。

㋐（　　　　　　　　　　　）　　㋑（　　　　　　　　　　　）

㋒（　　　　　　　　　　　）　　㋔（　　　　　　　　　　　）

☐ ❷　下線部 a のうち，形のない商品のことを何といいますか。

☐ ❸　下線部 b について，貨幣（かへい）には文中の交換と価値を測る尺度の役割のほかに，もう一つの役割があります。その役割を何といいますか。（　　　　　　　　　　　）

☐ ❹　下線部 c について，家計が主に行うものを，㋐〜㋒から選びなさい。（　　　　　）

㋐ 商品を生産する　　　　　㋑ 商品を消費する　　　　　㋒ 貨幣を発行する

【お金の使い方と経済の考え方】

❷ 右の図を見て，次の問いに答えなさい。

☐ ❶　図中の A 〜 C 店のパンを限られた（かぎ）お金から購入するとき，消費者が行っていることを何といいますか。

（　　　　　　　　　　　）

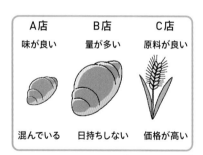

A店	B店	C店
味が良い	量が多い	原料が良い
混んでいる	日持ちしない	価格が高い

☐ ❷　図に示したパンや，消費者が払う（はら）お金や，時間などを何といいますか。

（　　　　　　　　　　　）

☐ ❸　❷で希少性（きしょうせい）が高い場合についての説明として正しいものを，㋐〜㋔から選びなさい。

（　　　　　）

㋐ ❷が大量にあり余っている。　　　　　㋑ ❷が少量で不足している。

㋒ ❷を欲しがる人がいない。　　　　　　㋔ ❷を買う人よりも売る人が多い。

☐ ❹　お金のある日には C 店のパンを購入し，時間のある日は A 店のパンを購入するという，消費者が欲求（よっきゅう）を満足するためにさまざまなものを組み合わせて選ぶことを何といいますか。

（　　　　　　　　　　　）

・・

ヒント ❶❷商品で形のある商品はモノです。

ミスに注意 ❷❸希少性が高いということは，欲しい人が多く，品物が少ないことです。

【 価格の働きと経済 】

❸ 右のグラフを見て，次の問いに答えなさい。

☐ ❶ グラフは，商品が売買される場の価格と数量の関係
を示しています。商品が売買される場を
何といいますか。　　　　　　（　　　　　　　）

☐ ❷ グラフ中の **A・B** にあてはまる語句を書きなさい。

　　A（　　　　　　　）　　**B**（　　　　　　　）

☐ ❸ グラフ中の **A・B** の曲線のうち，消費者の側から
見た曲線を選びなさい。　　　　　（　　　　）

☐ ❹ グラフ中の **A・B** の曲線が交わる **C** の価格を
何といいますか。　　　　　　　　　　　　（　　　　　　　）

☐ ❺ ❹の価格についての説明として正しいものを，㋐〜㋒から選びなさい。　（　　　　）

　　㋐　自由に売買される場において，近づいていく価格

　　㋑　少数の業者で決定される価格

　　㋒　自由に売買される場で，最初に示される価格

☐ ❻ 国民の生活を安定させるために，価格を政府や地方公共団体が規制したり，
許可したりする価格を何といいますか。　　　　　　（　　　　　　　）

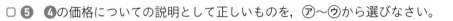

（価格のグラフ：A曲線・B曲線，C，数量）

【 家計の収入と支出 】

❹ 右のグラフを見て，次の問いに答えなさい。

☐ ❶ 家計の収入の中で，会社などで働いて得る
給与などを何といいますか。

　　　　　　（　　　　　　　　　　）

☐ ❷ 家計の収入のうち，税金や社会保険料を
差し引いた，実際に使用できるお金を
何といいますか。　　（　　　　　　　　　）

☐ ❸ グラフ中の支出のうち，1970年と比べて，
最も割合が増加した項目は何ですか。

　　　　　　（　　　　　　　　）

☐ ❹ 商品の購入の際，クレジットカードや
スマートフォンを用いた決済など，
現金を使用しない支払い方法を何といいますか。

　　　　　　（　　　　　　　　　　）

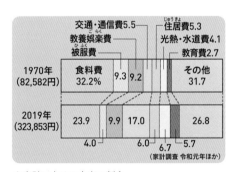

↑家計に占める支出の割合

2019年には，グラフの割合が，1970年の3倍以上になったものがあるね！

・・・

💡**ヒント** ❹❸一番多い項目ではなく，割合が増えた項目です。

✖**ミスに注意** ❸❸消費者の側から見ると，価格が高いと買いたくなくなります。

【 消費生活と流通の関わり 】

❺ 右の図を見て，次の問いに答えなさい。

☐ ❶ 図中の A・B にあてはまる語句を書きなさい。

A（　　　　　　　　） B（　　　　　　　）

☐ ❷ 図中の C は，インターネットやテレビ，カタログなどを利用して店を持たずに商品を売る販売形態_{はんばいけいたい}です。これを何といいますか。

（　　　　　　　　　　　）

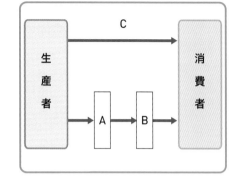

↑商品が私たちの手もとに届くまで

☐ ❸ ❷の販売形態についての説明として誤_{あやま}っているものを，㋐～㋓から選びなさい。　　（　　　　）

　㋐ 商品を配達するための人員が不足している。

　㋑ インターネットで注文したものを実店舗で受け取ることができる。_{じってんぽ}

　㋒ 実店舗で試着した商品をインターネットで注文することができる。

　㋓ 実店舗の販売に比べ，消費者が利用する金額の増加率が少ない。_{しょうひ}

☐ ❹ 図中の消費者が商品の内容について知るために役に立つ，販売する人が消費者に商品を知らせるために行うことを何といいますか。　　（　　　　　　　　　　　）

【 消費者問題と政府の取り組み 】

❻ 次の文章を読んで，あとの問いに答えなさい。

　商品の売買は _a契約の一つである。_b不適切な方法で強引に契約を結ばされるなどして_{けいやく}_{ふてきせつ}身体的・経済的な被害を受けることがないように，1962年にアメリカの（　㋐　）大統_{けいざい}_{ひがい}_{だいとう}領は消費者の四つの権利を宣言した。日本では1968年に消費者保護基本法が制定され，_{りょう}_{けんり}_{せんげん}_{ほごきほん}_{せいてい}2004年には（　㋑　）が制定された。また，クーリング・オフ制度や製造物責任法など_{せいど}_{せいぞうぶつせきにん}_c消費者支援の制度があり，2009年には（　㋒　）が発足した。_{しえん}

☐ ❶ 文中の㋐～㋒にあてはまる語句を書きなさい。

㋐（　　　　　　　） ㋑（　　　　　　　） ㋒（　　　　　　　）

☐ ❷ 下線部 a には，どのような内容の契約を誰と結んでもよいという原則があります。_{だれ}この原則を何といいますか。　　（　　　　　　　　　　　）

☐ ❸ 下線部 b のような被害を何といいますか。　　（　　　　　　　　　　　）

☐ ❹ 下線部 c について，2001年に施行された，契約時に商品について事実と異なる説明や_{しこう}不適切な勧誘があった場合，1年以内なら契約を取り消せる法律を何といいますか。_{かんゆう}

（　　　　　　　　　　　）

・・

🔦 ヒント ❺❸インターネットショッピングなどの利用額は大きく増加しています。

❌ ミスに注意 ❺❹消費者にとって必要なものですが，惑わされる場合もあります。_{まど}

Step 3 予想テスト

第1章 市場経済①

30分 /100点 目標 70点

❶ 次の文章を読んで，あとの問いに答えなさい。 各5点

経済活動は，商品を$_a$生産し，それを販売，消費することで成り立っている。商品の価格は，$_b$市場における需要と供給によって決定される。また，$_c$公共料金のように国や地方公共団体が，価格を規制したり，許可したりするものもある。

□ ❶ 下線部aについて，異なる役割を多くの人が分担して生産を行うことを何といいますか。

□ ❷ 下線部bについて，次の問いに答えなさい。

① 右の資料中の需要量が40のときの価格は何円ですか。

② 資料中の供給量が40のときの価格は何円ですか。

③ 資料中の均衡価格は何円ですか。

④ 資料で，商品の価格が600円であった場合，商品の市場価格はどのように変化しますか，簡単に書きなさい。[思]

点UP

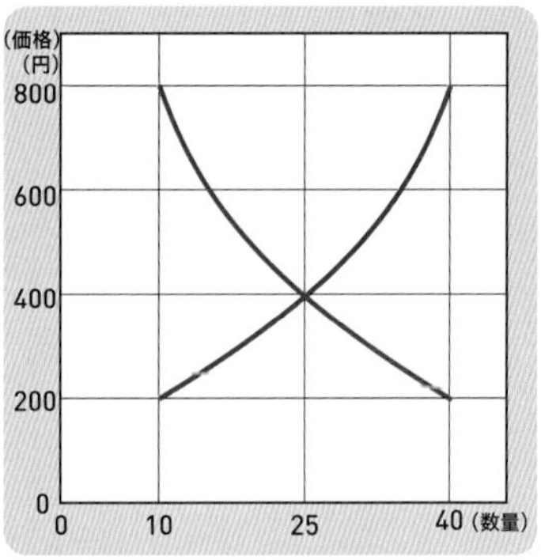

↑需要と供給と価格の関係

□ ❸ 下線部cの価格が，国や地方公共団体に規制されたり，許可が必要であったりする理由を，簡単に書きなさい。

❷ 次の文章を読んで，あとの問いに答えなさい。 各4点，❹，❺各10点

生産者から$_a$消費者に商品が届くまでを（ ㋐ ）という。コンビニエンスストアなどでは$_b$レジで得た消費者の情報を反映するシステムなども活用されている。今では，実店舗を持たない（ ㋑ ）での$_c$購入が増加しており，$_d$さまざまな形態が発達している。

□ ❶ 文中の㋐・㋑にあてはまる語句を書きなさい。

□ ❷ 下線部aについて，次の問いに答えなさい。

① 消費活動を行っている個人や同居する家族の経済単位を何といいますか。

② 資料から交通・通信費の金額は，1970年から2019年にかけておよそ何倍になりましたか。㋐～㋓から選びなさい。[技]

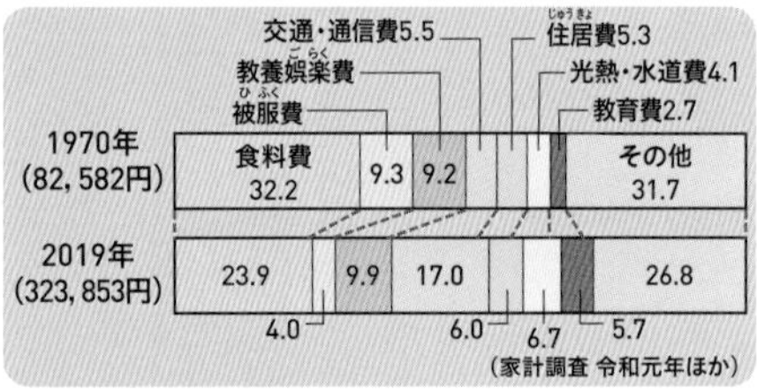

↑支出の割合の変化

㋐ 3倍　㋑ 5倍　㋒ 8倍　㋓ 12倍

□ ❸ 下線部bのようなシステムをアルファベット3文字で何といいますか。

□ ❹ 下線部cについて，近年キャッシュレス決済が広まってきています。その理由を簡単に書きなさい。

□ ❺ 下線部dについて，インターネット経由の販売は，その利便性から増加していますが，どのような課題が浮上していますか。「配達」の語句を使って書きなさい。

 成績評価の観点 [技]…資料活用の技能 [思]…社会的な思考・判断・表現

❸ 次の文章を読んで，あとの問いに答えなさい。 各5点

　商品の売買が成立することを法律では（　㋐　）という。消費者は商品の購入で被害を受けることがある。1962年にアメリカのケネディ大統領が_a消費者の四つの権利を宣言し，これを受けて，1968年に消費者保護基本法が成立し，2004年には改正され（　㋑　）となった。また，_b消費者支援のための制度や機関が作られた。

□❶　文中の㋐・㋑にあてはまる語句を書きなさい。

□❷　下線部aについて，消費者の四つの権利は，「知らされる権利」「選ぶ権利」
　　　「意見を聞いてもらう権利」ともう一つは何ですか。

□❸　下線部bについて，次の問いに答えなさい。
　　　① 右の表で，消費者庁が発足したのは，
　　　　A～Cのどの時期ですか。
　　　② 消費者契約法の内容にあてはまらないものを，
　　　　㋐～㋒から2つ選びなさい。
　　　㋐ 訪問販売などの契約を一定期間内なら
　　　　解約できる。
　　　㋑ 事実と異なる説明があったとき，
　　　　1年以内なら契約を取り消せる。
　　　㋒ 電子マネーでの契約を3か月以内なら解約できる。

年	できごと
1962	「消費者の四つの権利」を宣言
1968	消費者保護基本法が施行
A	
1995	製造物責任法（PL法）が施行
B	
2001	消費者契約法が施行
2004	消費者保護基本法が改正
C	

↑消費者保護のできごと

□❹　これからの消費者は自立した消費者になる必要があります。
　　　そのためには，商品を購入するときに何が求められますか，簡単に書きなさい。

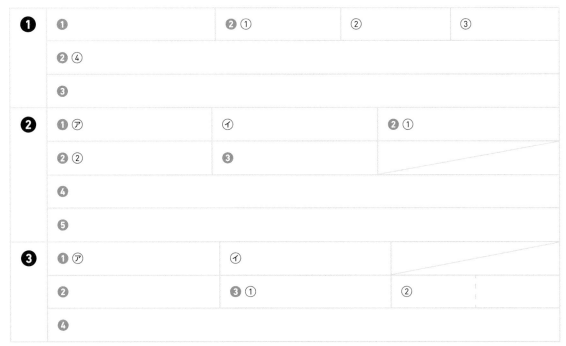

❶	❶		❷ ①		②		③
	❷ ④						
	❸						
❷	❶ ㋐		㋑			❷ ①	
	❷ ②		❸				
	❹						
	❺						
❸	❶ ㋐		㋑				
	❷		❸ ①		②		
	❹						

Step 1 基本チェック ● 第1章 市場経済②

 10分

次の問題に答えよう！　間違った問題には□にチェックをいれて，テスト前にもう一度復習！

1 企業と経済　▶ 教 p.127-144

解答欄

□ ❶ 生産をして，［雇用］を提供する組織や個人を何というか。

❶

□ ❷ 企業活動に必要な［土地］や労働力以外の機械や資金のことを何というか。

❷

□ ❸ 企業が生産活動で得ようとするものを何というか。

❸

□ ❹ 民間が運営する［私企業］で，従業員数300人以下の企業を何というか。

❹

□ ❺ ［株式］を発行して資金を集める会社を何というか。▶ 図1

❺

□ ❻ ［株主］に受け取る権利がある，会社の利益の一部を何というか。

❻

□ ❼ 金融は二種類に分かれる。銀行などから借り入れる［間接］金融と，株式や債券を発行して資金を集めるしくみを何というか。

❼

□ ❽ 企業どうしが，価格を話し合いで高く維持する行為を何というか。

❽

□ ❾ ［独占禁止法］を運用するために作られた機関を何というか。

❾

□ ❿ 労働条件の最低基準を定めた法律を何というか。

❿

□ ⓫ 職場での男女平等を定めた法律を何というか。▶ 図2

⓫

□ ⓬ ［年功序列］型の賃金体系にかわって採用されるようになってきた，仕事の結果に応じて賃金を支払うことを何というか。

⓬

□ ⓭ 実現が求められる，仕事と生活の調和のことを何というか。

⓭

□ ⓮ 企業が現代の社会に果たさなければならないものは何か。

⓮

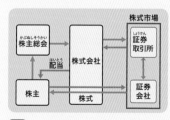

図1　一定の基準を満たした株式会社の株式は証券取引所で売買される。そうなることを上場という。

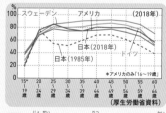

図2　女性の労働力率　労働環境の改善により，日本の女性の労働力率の変化は，近年，欧米とかわらなくなった。

日本では，女性は結婚や出産で退職する人が多かったんだ。結婚や出産後も働けるように，環境が整えられてきたんだよ。

［解答 ▶ p.13］

Step 2 予想問題 第1章 市場経済②

1ページ 10分×3

【私たちの生活と企業】

❶ 次の文章を読んで，あとの問いに答えなさい。

a企業は生産を行い，人々に働く場を提供する。b新しい技術を開発し，商品に生かしてよりよいものを作ろうとしている。また，消費者である私たちもcみずから企業を起こし経営者となることもできる。生産を行うには，土地，労働力，（ ㋐ ）が必要であり，これらの資源を使い，（ ㋑ ）を得るために生産を行っている。

□ ❶ 文中の㋐・㋑にあてはまる語句を書きなさい。　㋐（　　　）㋑（　　　）

□ ❷ 下線部aについて，消費者は企業が生産したものを購入し，企業で働いて給与を得ています。これは，企業と消費者の間で「分業と□」が行われているといえます。□にあてはまる語句を書きなさい。（　　　）

□ ❸ 下線部bのことを何といいますか。（　　　）

□ ❹ 下線部cのように新たに企業を起こすことを何といいますか。（　　　）

【企業活動のしくみ】

❷ 右の図を見て，次の問いに答えなさい。

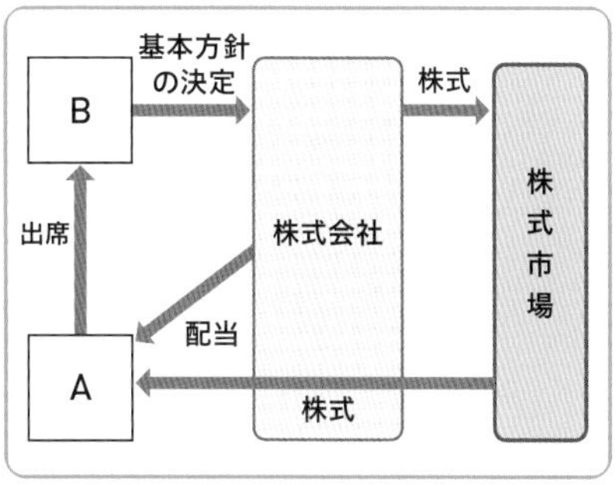

□ ❶ 図が示す株式会社は，民間が経営する企業の代表的な会社です。民間が経営する会社を何といいますか。（　　　）

□ ❷ ❶に属する企業を，㋐～㋓から選びなさい。（　　　）
㋐ 市営バス　㋑ 農家
㋒ 国立印刷局　㋓ 上下水道

□ ❸ 図中のAの株式を購入する個人や法人を何といいますか。（　　　）

□ ❹ Aの説明としてあてはまるものを，㋐～㋓から選びなさい。（　　　）
㋐ 会社が倒産した場合，出資した額以上の負担を負う。
㋑ 会社が倒産した場合，出資した額以内の負担を負う。
㋒ 買った株式は会社が倒産するまで，売ることはできない。
㋓ 買った株式の価格は一定で，売買も可能である。

□ ❺ Bにあてはまる株式会社の最高決定機関を何といいますか。（　　　）

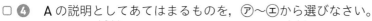

[ヒント] ❶❷ 消費者はお金を渡して商品を受け取っています。

[ミスに注意] ❷❹ 出資した金額の範囲内で責任があるので，出資しやすいということです。

【 金融のしくみと働き 】

❸ 右の図を見て，次の問いに答えなさい。

□ ❶ 図中の A・B にあてはまる語句を書きなさい。

A（　　　　　　　　）　B（　　　　　　　　）

□ ❷ 図中の社債は企業がお金を借りるときに
出すものです。このようにお金を借りるときの
「証明書」のことを何といいますか。

（　　　　　　　　　）

□ ❸ 図中の預金や貸し出しに対し，
それらを返済する際に上乗せされる金額を
何といいますか。　（　　　　　　　　　）

□ ❹ 近年，インターネット上で多数の人から資金を
集める手法が注目されています。
この方法を何といいますか。（　　　　　　　　　）

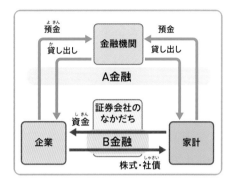

群衆（Crowd）から資金調達（Funding）することから生まれた言葉だね！

【 企業競争の役割 】

❹ 右の図を見て，次の問いに答えなさい。

□ ❶ 図中の 3 つの中で一番生産が集中している
ものを書きなさい。

（　　　　　　　　　）

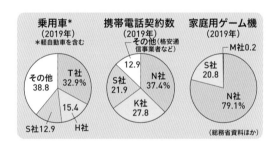

↑生産の集中

□ ❷ 図のように生産が集中すると
起こりやすい問題としてあてはまるものを，
㋐～㋓から選びなさい。　（　　　　　）
㋐ より優れた商品が開発されやすい。
㋑ 市場での競争がはげしくなり，経済が成長する。
㋒ 企業が商品を値上げしても，購入しなければならなくなる。
㋓ 新しい企業が参入し，新しい製品が出やすくなる。

□ ❸ 図のような状態にある市場では，企業どうしの話し合いによって価格を設定することが
あります。このような行為をカタカナで何といいますか。（　　　　　　　　　）

□ ❹ 生産の集中が進むと，消費者にとって不利益になることが多いことから，
1947年に制定された市場での競争をうながすための法律を何といいますか。

（　　　　　　　　　）

□ ❺ ❹の法律に違反する行為が行われていないかを監視する機関を何といいますか。

（　　　　　　　　　）

❗ヒント ❹❶ 1 社への集中が最も多いものを選びましょう。

✕ミスに注意 ❸❶銀行から借りる人は，銀行がどこから集めたお金か分かりません。

【 働くことの意義と労働者の権利 】

❺ 次の文章を読んで，あとの問いに答えなさい

　　労働者の人権を守る法律として，労働条件の最低基準を定めた労働基準法や，（　㋐　），
a労働関係調整法がある。労働基準法でb労働時間の上限や雇用を開始できる年齢が定め
られている。また，職場における男女平等を定めた男女雇用機会均等法も制定された。近
年では，日本に移り住む（　㋑　）労働者が増加しており，受け入れ体制の整備が進め
られている。

□ ❶ 文中の㋐・㋑にあてはまる語句を書きなさい。

㋐（　　　　　　　　　　）　　㋑（　　　　　　　　　）

□ ❷ 下線部 a の法律は，労働者と何との対立を予防・解決するためのものですか。

（　　　　　　　　　　　　　　　　　　　　　）

□ ❸ 下線部 b について，次の問いに答えなさい。

　①　1週間の労働時間を何時間以内と定めていますか。　　　　（　　　　　　　　　）

　②　1日の労働時間を何時間以内と定めていますか。　　　　　（　　　　　　　　　）

　③　働くことが禁じられているのは何歳未満ですか。　　　　　（　　　　　　　　　）

【 労働環境の変化と私たち／企業の社会的責任 】

❻ 右のグラフを見て，次の問いに答えなさい。

□ ❶ 年々増加している A の雇用形態を何といいますか。

（　　　　　　　　　　）

□ ❷ A が増えたのには，日本の企業で採用されてきた
　　次の a・b の制度が見直されてきた背景があります。
　　a・b をそれぞれ何といいますか。

　　a　定年まで働く雇用形態　　（　　　　　　　　　）
　　b　年齢とともに賃金が上がる体系　　（　　　　　　　　　）

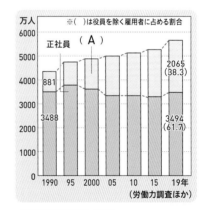

↑形態別雇用者数の変化

□ ❸ 正社員として働く人が，性別に関係なく育児・
　　介護休暇をとり，その後に仕事に復帰しやすくする
　　法律が制定されました。この法律を何といいますか。

（　　　　　　　　　　　　　　　　）

□ ❹ 現代の企業には，低賃金での労働や性別のいやがらせなどの法律違反をせず，
　　生産活動を行うことや，社会に貢献することが求められています。
　　これを企業の何といいますか。

（　　　　　　　　　　　　　　　　）

• •

💡ヒント ❻❶ 正社員以外の労働者のことをいいます。

❌ミスに注意 ❺❸ 1週間の労働時間は，1日の労働時間の 7 倍にはなりません。

Step 3 予想テスト　第 1 章 市場経済②

30分　／100点　目標 70点

❶ 右の資料を見て，次の問いに答えなさい。 各 5 点

□ ❶ 資料 I のようなしくみの会社を何といいますか。

□ ❷ 資料 I 中の a は，会社の運営資金を集めるために発行されるものです。a を何といいますか。

□ ❸ ❷のように，資金を出資者から集める金融の方法を何といいますか。

□ ❹ この方法は多額の資金を集めることができます。その理由を，簡単に書きなさい。 思

□ ❺ 資料 I 中の株主に受け取る権利がある b を何といいますか。

□ ❻ 資料 I 中の株主総会の役割として正しいものを，㋐〜㋓から選びなさい。

　　㋐ 商品価格の決定　　　㋑ 新入社員の合否
　　㋒ 株価の調整　　　　　㋓ 基本方針の決定

□ ❼ 資料 II 中の A・B で大企業を示すものを選びなさい。 技

□ ❽ 規模ではなく，新たな技術やサービスをもとに挑戦する企業を何といいますか。

資料 I

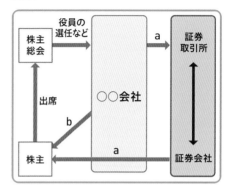

資料 II　製造業における大企業と中小企業

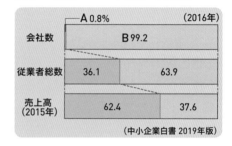

	A 0.8%		（2016年）
会社数	B 99.2		
従業者総数	36.1	63.9	
売上高 (2015年)	62.4	37.6	

（中小企業白書 2019年版）

❷ 次の文章を読んで，あとの問いに答えなさい。 各 5 点

　　企業は，他の企業よりもよい商品を作る（　㋐　）をしている。しかし，a独占や寡占が進むと，bカルテルを結ぶなどして，公正な取り引きが行えなくなる。そのため，国は独占禁止法を定め，それを運用する機関として市場を監視するために（　㋑　）を設置している。

□ ❶ 文中の㋐・㋑にあてはまる語句を書きなさい。

□ ❷ 下線部 a について，一般的に独占や寡占は消費者の不利益になります。しかし，ICT産業などにおいて利点と考えられることを，㋐〜㋓から選びなさい。 思

　　㋐ デザインよりも新しい技術が導入された製品が生まれる。

　　㋑ 多くのデータを収集でき，アプリの開発に役立つ。

　　㋒ 新製品が発売されるたびに，価格の低下が見られる。

　　㋓ 利用者が少ないアプリの開発も盛んに行われる。

□ ❸ 下線部 b のカルテルとは企業が何を行うことですか，簡単に書きなさい。

❸ 次の文章を読んで，あとの問いに答えなさい。　各 5 点

　　日本企業では，_a労働者の働き方が_b終身雇用制や年功序列型の賃金体系などから，仕
事の結果に応じて賃金を支払う（　㋐　）をとる企業が多くなった。また，雇用ではア
ルバイトなどの（　㋑　）の労働者が増加する傾向にある。反面，近年は_c仕事と生活の
調和の実現が求められ，_d企業の社会的責任を果たすことが重視されるようになった。

□ ❶　文中の㋐・㋑にあてはまる語句を書きなさい。

□ ❷　下線部 a について，次の問いに答えなさい。

　　① 新たな仕事のあり方として，企業に雇われるのではなく，仕事ごとに契約を交わして
　　　働くことを何といいますか。

　　② 労働者を保護する法律として制定された労働基準法には，何が定められていますか。
　　　簡単に書きなさい。

□ ❸　下線部 b について，この制度や体系は，近年の日本の人口構成のうえで，
　　企業の負担になります。その理由を，簡単に書きなさい。思

□ ❹　下線部 c について，次の問いに答えなさい。

　　① このことを何といいますか。

　　② この実現のために進めることとしてあてはまらないものを，㋐～㋓から選びなさい。

　　　㋐ 長期労働時間を減らすこと。　　㋑ 性別を問わず育児・介護休暇を取得できること。

　　　㋒ テレワークを禁止すること。　　㋓ 残業時間の上限を法律で定めること。

□ ❺　下線部 d について，現代の企業は国際社会の一員として社会的責任が求められます。
　　ESG投資の面からどのような点に配慮が必要か，簡単に書きなさい。

❶	❶		❷		❸	
	❹					
	❺		❻	❼		❽
❷	❶㋐		㋑		❷	
	❸					
❸	❶㋐		㋑		❷①	
	❷②					
	❸					
	❹①		②			
	❺					

❶　／40点　　❷　／20点　　❸　／40点

Step 1 基本チェック ・ 第 1 章 市場経済③ 第 2 章 財政

10分

次の問題に答えよう！　間違った問題には□にチェックをいれて，テスト前にもう一度復習！

❶ これからの日本経済　▶ 教 p.145-156

解答欄

□ ❶ 好況（好景気）と［不況（不景気）］を交互に繰り返すことを何というか。

❶

□ ❷ 物価が上がり続ける現象を何というか。

❷

□ ❸ 紙幣を唯一発行できる［日本銀行］のことを何というか。▶ 図1

❸

□ ❹ 外国の通貨と円の交換比率を何というか。

❹

□ ❺ 円の価値が外国の通貨に対して高くなることを何というか。

❺

□ ❻ 貿易の自由化を進めるために日本が結んだ環太平洋経済連携協定の略称を何というか。

❻

❷ 財政　▶ 教 p.157-170

□ ❼ 政府が家計や企業から［税金］を集めて国民にモノやサービスを提供する働きを何というか。

❼

□ ❽ 国の毎年の支出は［歳出］，収入のことは何というか。▶ 図2

❽

□ ❾ 所得の高い人ほど税率が高くなる課税制度を何というか。

❾

□ ❿ リサイクルなどによって環境への負荷を減らし，資源の消費を抑えた社会を何というか。

❿

□ ⓫ 私たちの生活のリスクを，社会全体で助け合う制度を何というか。

⓫

□ ⓬ 歳出が税収よりも多いときの差額である財政［赤字］を補うために国が発行するものを何というか。

⓬

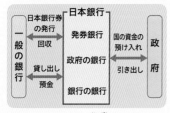

図1　日本銀行は，一般の銀行や政府と取り引きを行い，個人や一般の企業とは取り引きを行わない。

国の歳出と歳入

歳出総額 102.7兆円	国債費 22.7%	社会保障 34.9		地方財政 15.4	教育・文化5.4 公共事業6.7	防衛5.2	その他 9.7

歳入総額 102.7兆円	直接税33.1%			間接税28.8		その他6.4	公債金31.7
	所得税 19.0	11.8		消費税 21.2			

法人税　相続税2.3　酒税1.2　印紙収入1.0　その他3.3　揮発油税2.1

（2020年度）　　　　　　　　　　（財務省資料）

図2　公債金は国債を発行して得た資金で，国債費は国債を返済するための資金である。

日本の歳入に占める公債金の割合は 3 割をこえているよ。公債金を減らすためには，税金を上げる以外の方法はないのかな。

Step 2 予想問題　第 1 章 市場経済③　第 2 章 財政

1ページ 10分×3

【景気の変動とその影響 / 日本銀行と金融政策】

❶ 右の図を見て，次の問いに答えなさい。

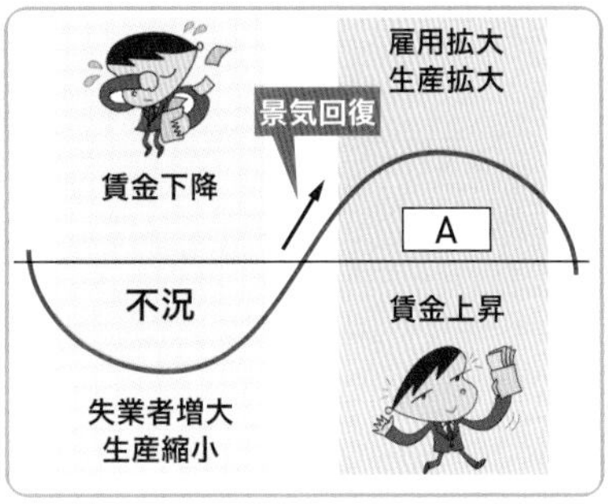

□ ① 図は，経済活動の規模が拡大しているか，縮小しているかを示しています。一国の経済活動の規模を測る代表的なものを何といいますか。（　　　　）

□ ② 図中の A の時期にあてはまる語句を漢字 2 文字で何といいますか。（　　　　）

□ ③ 図中の A の時期に起こりやすい，物価が上がり続ける現象を何といいますか。（　　　　）

□ ④ 日本銀行は経済活動の変動を少なくして，景気を安定させるため，お金の量を調節しています。これを何といいますか。（　　　　）

□ ⑤ ④について，日本銀行が図中の不況のときに行うこととしてあてはまるものを，㋐～㋒から選びなさい。（　　）

㋐ 国債を買って，市場にお金が出回るようにする。

㋑ 国債を売って，お金の流通を制御する。

㋒ 国債を売って，政府にお金を蓄えさせる。

【グローバル化と日本経済 / これからの日本の経済と私たち】

❷ 次の文章を読んで，あとの問いに答えなさい。

$_a$グローバル化の進行によって，日本で生産され販売される商品は，海外の商品と国内市場で競争している。そこでは$_b$為替レートが重要になる。また，$_c$経済活動のデジタル化も進み，日本の産業構造に大きな影響を与えている。

□ ① 下線部 a にともなって，海外に工場を移し，いくつもの国で活動する企業が増えています。このような企業を何といいますか。（　　　　）

□ ② 下線部 b について，円とドルの交換比率が 1 ドル＝100円から 1 ドル＝80円に変化したとき，円高と円安のどちらですか。（　　　　）

□ ③ 下線部 c について，今後の普及によって，自動車の自動運転など，人間に代わる機能を持ち，さまざまなサービスを提供することが予想されている情報通信技術を何といいますか。（　　　　）

[ヒント] ❷② 1 ドルの価値は100円から80円に下がっています。

[ミスに注意] ❶⑤ 日本銀行が国債を売ると日本銀行に資金が入ってきます。

【 私たちの生活と財政 】

❸ 次の文章を読んで，あとの問いに答えなさい。

　道路や公園，文化施設などの民間企業からは供給されにくい（　㋐　）は，ₐ政府が国民から集めた（　㋑　）によって提供している。この働きをᵦ財政といい，景気の変動を安定させる働きもしている。

☐ ❶ 文中の㋐・㋑にあてはまる語句を書きなさい。

　　　　　　　　　　　㋐（　　　　　　　　　　）㋑（　　　　　　　　　　）

☐ ❷ 下線部 a の政府は，道路や公園，文化施設，公共サービスなどを提供することで，
　　豊かな人と貧しい人の所得差を小さくしています。この働きを何といいますか。

　　　　　　　　　　　　　　　　　　　　　　　　　（　　　　　　　　　　）

☐ ❸ 下線部 b について，次の問いに答えなさい。
　　㋐ 政府が財政の大きな役割として，道路や公園, 橋の建設などを行うことを何といいますか。

　　　　　　　　　　　　　　　　　　　　　　（　　　　　　　　　　）

　　㋑ 財政によって政府は，㋐を増やしたり，減らしたりすることで，
　　　景気変動を調整しています。これを何といいますか。　（　　　　　　　　　　）

【 国の支出と収入 】

❹ 右のグラフを見て，次の問いに答えなさい。

☐ ❶ 歳出にしめる，国の借金を返済するための
　　費目の割合は何％ですか。

　　　　　　　　（　　　　　　　　　）

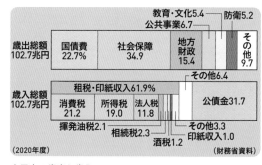

↑日本の歳出と歳入

☐ ❷ 歳入の租税について，次の税にあたるもの
　　を，資料中からそれぞれ選びなさい。
　　① 私たち消費者が商品を買ったときに
　　　支払う税で，間接税

　　　　　　　（　　　　　　　　　）

　　② 会社の所得にかかる税で，直接税　　　　　　　　　（　　　　　　　　　）

　　③ 個人の所得にかかる税で，直接税　　　　　　　　　（　　　　　　　　　）

☐ ❸ 税金の性質について述べた文として正しいものを，
　　㋐〜㋒から選びなさい。　　　　　（　　　　　　　　　）
　　㋐ 所得税は，所得にかかわらず税率は一定である。
　　㋑ 消費税には，逆進性という問題がある。
　　㋒ 法人税は，納税者と担税者が異なる税である。

消費税は，所得の低い人にも高い人にも同じ税率がかけられているよ！

💡| ヒント　❸❷所得の多い人から多くの税金をとって，みんなが使う施設を作っています。

❌| ミスに注意　❹❷会社のことを法人といいます。

［解答 ▶ p.15］

【 社会資本の役割と環境への取り組み / 社会保障と私たちの生活 】

❺ 次の文章を読んで，あとの問いに答えなさい。

日本では1960年代に_a公害が表面化し，環境保全に取り組み，現在では環境への負荷をできるだけ減らす_b循環型社会の実現を目指している。_c社会保障制度では，_d社会保険，公衆衛生，社会福祉，公的扶助を四つの柱としている。

□ ❶　下線部 a について，1960年代に表面化した次の公害病を何といいますか。
　　① 富山県の神通川流域で，カドミウムを原因として発生した公害病（　　　　　）
　　② 熊本県と鹿児島県の八代海沿岸で，メチル水銀を原因として発生した公害病
　　（　　　　　）

□ ❷　下線部 b の実現を目指し，容器包装や家電，自動車，小型家電の再利用を進めるために個別に制定された法律をまとめて何法といいますか。（　　　　　）

□ ❸　下線部 c の制度は，日本国憲法が定めた権利に基づいて国が整備しました。
　　その権利を何といいますか。（　　　　　）

□ ❹　下線部 d の具体的な内容を，㋐～㋓から選びなさい。
　　　　社会保険（　　）　　公衆衛生（　　）　　社会福祉（　　）　　公的扶助（　　）
　　㋐ 生活保護　　㋑ 年金保険　　㋒ 児童福祉　　㋓ 予防接種

【 これからの日本の財政 】

❻ 右のグラフを見て，次の問いに答えなさい。

□ ❶　グラフのように，国債依存度の高い近年の財政状態を何といいますか。（　　　　　）

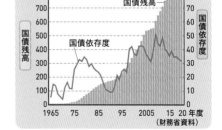
↑国債残高と国債依存度

□ ❷　❶の状態になる原因として社会保障費の増大があります。その理由として正しいものを，㋐～㋓から選びなさい。（　　　　）
　　㋐ 非正規労働者の増加　　㋑ 公共事業の民営化
　　㋒ 少子高齢化　　　　　　㋓ 女性の社会進出

□ ❸　財政再建が求められていますが，国民が政府に対して充実した社会保障や公共サービスを求める場合，国民の負担は大きくなります。このような政府のあり方を「＿＿＿政府」といいます。＿＿＿にあてはまる語句を書きなさい。（　　　　　）

□ ❹　財政再建のために一般的に最も有効な政策を，㋐～㋓から選びなさい。（　　　）
　　㋐ 減税　　　　　　㋑ 公共事業の増加
　　㋒ 増税　　　　　　㋓ 年金給付額の増額

🔦ヒント　❻❶国債依存度は国の歳入に占める借金の割合を示しています。

❌ミスに注意　❺❹公的扶助の「扶助」は，力をそえて助けるという意味があります。

Step 3 予想テスト　第 1 章 市場経済③　第 2 章 財政　　30分　/100点　目標 70点

❶ **右の資料を見て，次の問いに答えなさい。** 各 5 点，❻10点

☐ ❶ 資料 I 中の日本銀行は，紙幣を発行する唯一の銀行であることから何といわれますか。

☐ ❷ 資料 I 中の A ～ D にあてはまる語句の組み合わせとして正しいものを，㋐～㋓から選びなさい。

　㋐ A：買う，B：売る，C：上げる，D：下げる

　㋑ A：売る，B：買う，C：上げる，D：下げる

　㋒ A：買う，B：売る，C：下げる，D：上げる

　㋓ A：売る，B：買う，C：下げる，D：上げる

☐ ❸ 資料 I 中の不況のときに見られるデフレーションとはどのような現象か，簡単に書きなさい。

☐ ❹ 資料 II は円高・円安の変化を示しています。このように変動する通貨の交換比率を何といいますか。

☐ ❺ 資料 II 中の E と F にあてはまる数字を書きなさい。技

☐ ❻ 資料 II 中で，日本から海外旅行に行く場合，円高・円安のどちらが有利ですか。その理由を含めて書きなさい。思

資料 I

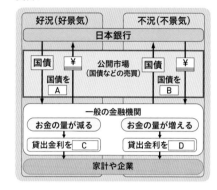

資料 II

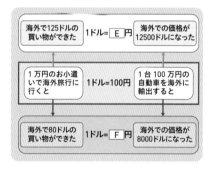

❷ **次の文章を読んで，あとの問いに答えなさい。** 各 5 点，❶①完答

　政府は，国民から ₐ税金を集め，モノやサービスを提供する ♭財政を行っている。𝒸社会資本の提供もその一つである。

☐ ❶ 下線部 a について，次の問いに答えなさい。

　① 消費税について述べているものとして正しいものを，㋐～㋓からすべて選びなさい。技

　　㋐ 直接税である　　㋑ 間接税である　　㋒ 地方税である　　㋓ 国税である

　② 所得税には，累進課税という課税制度がとられています。

　　累進課税には税金を納めた後にどのような効果がありますか，簡単に書きなさい。

☐ ❷ 下線部 b では，景気を安定させるために財政政策を行っています。

　不況のときに行う政策として正しいものを，㋐～㋓から選びなさい。

　㋐ 減税をして公共事業を減らす　　㋑ 減税をして公共事業を増やす

　㋒ 増税をして公共事業を減らす　　㋓ 増税をして公共事業を増やす

☐ ❸ 下線部 c の社会資本とは何ですか，簡単に書きなさい。

❸ 右の資料を見て，次の問いに答えなさい。　各 5 点，❻10点

□ ❶ 資料Ⅰ中の年金は，社会保険に属します。
社会保険の考え方にあたるものを，
㋐〜㋒から選びなさい。
㋐「自助」　㋑「共助」　㋒「公助」

□ ❷ 日本では，医療や年金，失業，介護について，
すべての国民が社会保険の対象となります。
このことを何といいますか。

□ ❸ 資料Ⅰの社会保障関係の歳出は増加しています。
その大きな要因は＿＿＿化の進行です。＿＿＿に
あてはまる語句を，漢字 4 文字で答えなさい。

□ ❹ 社会保障に関連して，国民の負担や給付を
より公正に行うことなどを目的に，
国民一人一人に12桁の番号が導入されました。
この番号を何といいますか。

□ ❺ 資料Ⅱについて，4 つの国を比較したとき，
最も「小さな政府」といえる国はどこですか。[技]

□ ❻ 資料Ⅱで，スウェーデンは，日本やドイツに比べて国民の負担のしかたに
どのような特徴がありますか。簡単に書きなさい。[思]

□ ❼ 日本では，社会保障関係の費用の増加などによって，財政赤字が拡大しています。
日本で財政赤字を補うために行われていることを書きなさい。

資料Ⅰ　社会保障関係の歳出

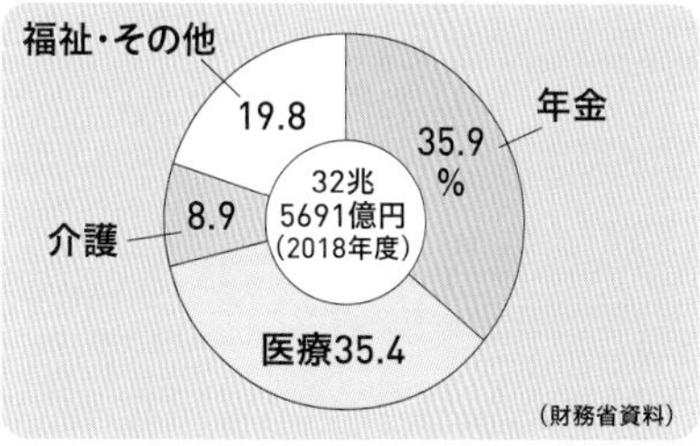
福祉・その他
19.8
年金
35.9%
32兆
5691億円
(2018年度)
介護
8.9
医療35.4
(財務省資料)

資料Ⅱ　国民負担の国際比較

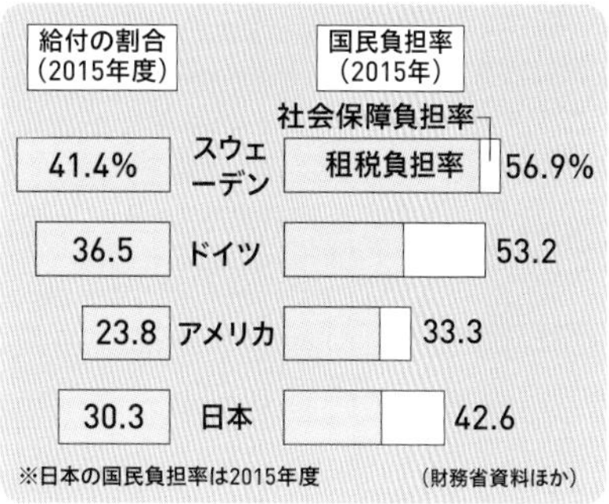
給付の割合
(2015年度)
国民負担率
(2015年)
社会保障負担率
41.4%
スウェーデン
租税負担率
56.9%
36.5
ドイツ
53.2
23.8
アメリカ
33.3
30.3
日本
42.6
※日本の国民負担率は2015年度
(財務省資料ほか)

❶	❶	❷	
	❸		
	❹	❺ E	F
	❻		
❷	❶ ①		②
	❷	❸	
❸	❶	❷	❸
	❹	❺	
	❻		
	❼		

❶　　／40点　❷　　／20点　❸　　／40点

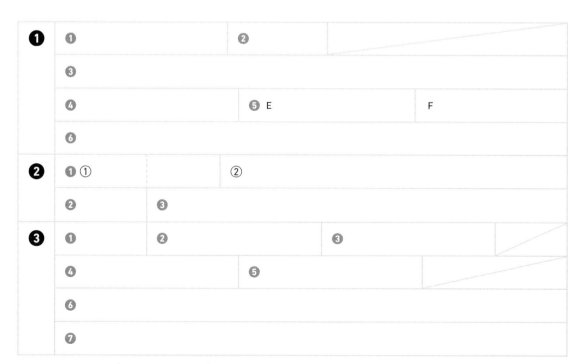

Step 1　基本チェック　第 1 章 国際社会①

10分

次の問題に答えよう！　間違った問題には□にチェックをいれて，テスト前にもう一度復習！

❶ 紛争のない世界へ　▶ 教 p.173-188

解答欄

□ ❶ 国家の三つの要素は，住民（国民）と領域ともう一つは何か。

❶

□ ❷ 国家の領域に立ち入ることを禁じる原則を何というか。▶ 図1

❷

□ ❸ 国と国が結ぶ［条約］や国際慣習法を何というか。

❸

□ ❹ ロシアに不法に占拠されている日本固有の領土を何というか。

❹

□ ❺ 韓国に不法に占拠されている日本固有の領土を何というか。

❺

□ ❻ 国際連合が兵力を派遣して行う，
紛争の平和的な収束を図る活動を何というか。

❻

□ ❼ 国際連合の［安全保障理事会］の常任理事国が持つ，
1 か国でも反対すると議決できない権利を何というか。▶ 図2

❼

□ ❽ 人種や政治的理由で迫害を受け自国を追われた人を何というか。

❽

□ ❾ 暴力や破壊によって無差別に市民を巻き込み，
政治的主張をする行為を何というか。

❾

□ ❿ ［核兵器］を持つことで相手を脅し，攻撃を防ぐ考え方を
何というか。

❿

□ ⓫ 核兵器保有国を増やさないために1968年にできた条約を何というか。

⓫

□ ⓬ 先進国と［発展途上国］との格差からおこる問題を何というか。

⓬

□ ⓭ 東南アジアの10か国が加盟する経済協力組織を何というか。

⓭

□ ⓮ 1989年に発足した，日本，アメリカなど太平洋のまわりの
21の国と地域からなる政府間で協力する枠組みを何というか。

⓮

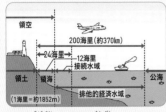

図1　領海の外側の沿岸から200海里以内は，排他的経済水域（EEZ）として，沿岸国に資源の権利が認められている。

図2　総会は全加盟国が一国一票を持つ。安全保障理事会は常任理事国 5 か国，非常任理事国10か国からなる。

常任理事国は，アメリカ，ロシア，イギリス，フランス，中国の 5 か国だよ。非常任理事国は任期は 2 年で，毎年半数が改選されるよ。

Step
2　予想問題　：　**第1章 国際社会①**

1ページ
10分×3

【 国家と国際社会 】

❶ 次の文章を読んで，あとの問いに答えなさい。

a<u>主権国家</u>には，そこに住む住民と b<u>領域</u>，そして主権の要素が必要である。国際社会に認められた国家には守るべき c<u>ルール</u>があり，互いに d<u>国家として尊重</u>される。

☐ ❶　下線部 a について，主権には他国に支配されたり，干渉されたりしない原則があります。この原則を何といいますか。　　　　　　　　　　　　（　　　　　　　　　）

☐ ❷　下線部 b について，領土以外の国家の領域に含まれるものを2つ書きなさい。
　　　　　　　　　　　　　　　　　　　（　　　　　　　）（　　　　　　　）

☐ ❸　領域には含まれない，排他的経済水域についての説明としてあてはまるものを，
　　　㋐〜㋒から選びなさい。　　　　　　　　　　　　　　　　　（　　　　　　　）
　　　㋐　沿岸から原則12海里以内の海域である。
　　　㋑　他国は，この水域を自由に航行することはできない。
　　　㋒　この水域内でとれる魚や鉱産資源は沿岸国のものである。

☐ ❹　下線部 c について，国と国の間で結ぶルールを何といいますか。　（　　　　　　　）

☐ ❺　下線部 d について，国のシンボルである国旗と国歌は相互に尊重されます。
　　　日本の国旗と国歌を書きなさい。　国旗（　　　　　　　）　国歌（　　　　　　　）

【領土を巡る取り組み】

❷ 右の図を見て，次の問いに答えなさい。

☐ ❶　図中の A について，次の問いに答えなさい。
　　　①　この地域を何といいますか。
　　　　　　　　　　　　（　　　　　　　　　）

　　　②　この地域を不法に占拠している国を
　　　　　何といいますか。　（　　　　　　　）

☐ ❷　図中の B を不法に占拠している韓国に対し，
　　　日本が国際法に基づいた判断を求めようとしている
　　　国際組織を何といいますか。

　　　　　　　　　　　　（　　　　　　　　　）

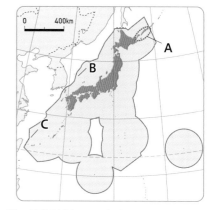

☐ ❸　図中の C は日本固有の領土ですが，周辺の海底に石油などの資源があることから，
　　　領有権を主張するようになった国はどこですか。　　　　　　（　　　　　　　）

┈┈┈

💡ヒント　❷❷国際連合の組織の1つです。

✕ミスに注意　❶❸排他的経済水域は，原則として航行は自由にできます。

【国際連合の働きとしくみ】

❸ 右の図を見て，次の問いに答えなさい。

□ ❶ 図中のA・Bにあてはまる語句を書きなさい。

A（　　　　　　　　　　）

B（　　　　　　　　　　）

□ ❷ 図中のAの常任理事国について，アメリカ，イギリス以外の残りの3か国の国名を書きなさい。

（　　　　　　　　　　）

（　　　　　　　　　　）（　　　　　　　　　　）

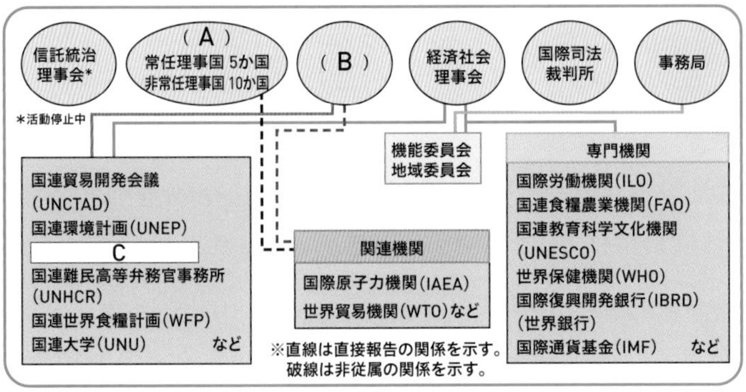

信託統治理事会*
（A）
常任理事国 5か国
非常任理事国 10か国
（B）
経済社会理事会
国際司法裁判所
事務局
*活動停止中
国連貿易開発会議(UNCTAD)
国連環境計画(UNEP)
C
国連難民高等弁務官事務所(UNHCR)
国連世界食糧計画(WFP)
国連大学(UNU) など
機能委員会
地域委員会
関連機関
国際原子力機関(IAEA)
世界貿易機関(WTO)など
専門機関
国際労働機関(ILO)
国連食糧農業機関(FAO)
国連教育科学文化機関(UNESCO)
世界保健機関(WHO)
国際復興開発銀行(IBRD)(世界銀行)
国際通貨基金(IMF) など
※直線は直接報告の関係を示す。
破線は非従属の関係を示す。

↑国際連合のしくみ

□ ❸ 常任理事国が持つ，1か国でも反対すると議決できない権利を何といいますか。（　　　　　　　　　　）

□ ❹ 国連は，右の図のように，aがbを攻撃した場合，ほかの国がまとまってaに制裁を加える方法をとります。この考え方を何といいますか。

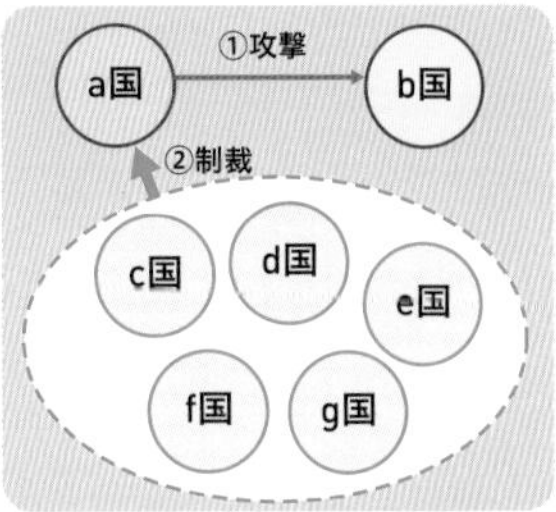

a国
①攻撃
b国
②制裁
c国
d国
e国
f国
g国

（　　　　　　　　　　）

□ ❺ 上の図中のCは，世界の子どもたちが健やかに育つ環境をつくる活動をしています。Cを何といいますか。

（　　　　　　　　　　）

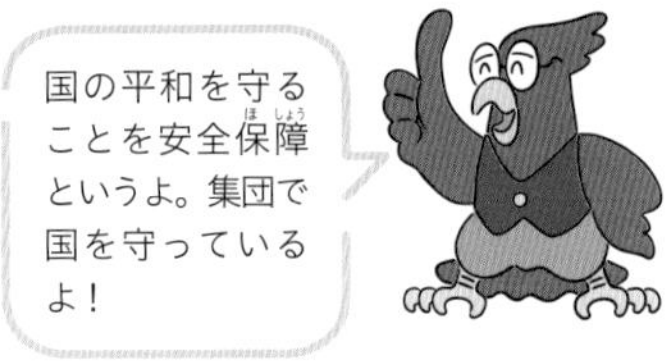

国の平和を守ることを安全保障というよ。集団で国を守っているよ！

【現代における紛争】

❹ 次の文章を読んで，あとの問いに答えなさい。

（　㋐　）終結後は，民族や宗教，a経済格差などを背景にする紛争が増え，紛争による混乱から住み慣れた場所を離れb難民となる人も増加した。無差別に市民を巻き込んで攻撃するテロリズムも多くなり，2001年には（　㋑　）で同時多発テロ事件が起きた。

□ ❶ 文中の㋐・㋑にあてはまる語句を書きなさい。

㋐（　　　　　　　　　　）㋑（　　　　　　　　　　）

□ ❷ 下線部aについて，日本は紛争の解決や貧困の解消のために政府としてさまざまな援助を行っています。この援助を何といいますか。（　　　　　　　　　　）

□ ❸ 下線部bの人々に水や食料，住居などを提供し，周辺国などで保護する活動をしている国際組織を何といいますか。（　　　　　　　　　　）

[ヒント] ❸❷第二次世界大戦の戦勝国が常任理事国になっています。

[ミスに注意] ❹❸略称で答えるときは，似ている組織があるから気をつけましょう。

[解答▶p.17]

【兵器の脅威と軍縮への努力】

5 次の文章を読んで，あとの問いに答えなさい。

冷戦時代は核兵器を持つことで相手が仕返しを恐れ攻撃してこないという（ ㋐ ）の考えから核保有が広がった。冷戦終結後は核軍縮交渉が開始され，a核兵器保有国を増やさない取り組みも進んだが，1996年に採択された（ ㋑ ）条約は未発効である。核兵器以外では，bNGOの活躍などにより対人地雷禁止条約が採択された。

□ 1 文中の㋐・㋑にあてはまる語句を書きなさい。

㋐（　　　　）㋑（　　　　）

□ 2 下線部aについて，核兵器の保有などの査察を行う国際組織を何といいますか。

（　　　　）

□ 3 下線部bの対人地雷の問題点としてあてはまるものを，㋐〜㋒から選びなさい。（　　）

㋐ 戦後に一般市民を巻き込み，復興のさまたげになる。

㋑ 破壊力が大きく，大規模な破壊がおこりやすい。

㋒ 製造に多額の費用がかかり，財政を圧迫する。

【グローバル化が進む国際社会 / 国際社会における日本の役割】

6 次の文章を読んで，あとの問いに答えなさい。

日本は戦争のa悲惨な経験を踏まえ，平和主義を掲げ，b国際協調を重視する外交方針をとっている。特にアメリカとは（　　）条約を結び，アメリカ軍の日本駐留を認め，強い同盟関係を結んでいる。世界には先進国が豊かになる反面，c南北問題や南南問題もあり，日本の平和的貢献が必要である。また，近年はdグローバル化の推進が間違っていることを訴え，外国人の流入に反対する動きも見られる。

□ 1 文中の（　　）にあてはまる語句を書きなさい。（　　　　）

□ 2 下線部aについて，日本が唯一の被爆国であることから掲げている，核兵器に対する原則を何といいますか。（　　　　）

□ 3 下線部bに関連して，近年，国連の平和維持活動の国際部隊に派遣されている組織を何といいますか。（　　　　）

□ 4 下線部cについて，発展途上国の中で，大きく経済発展を遂げる国が現れています。このような国を何といいますか。（　　　　）

□ 5 下線部dに関連して，ある国が国民投票によってEU離脱を決めました。その国はどこですか，㋐〜㋓から選びなさい。（　　）

㋐ ドイツ　㋑ フランス　㋒ イタリア　㋓ イギリス

[ヒント] 6 5 EUから離脱したのは，ユーロを導入していない国です。

[ミスに注意] 5 3 対人地雷は，簡単に作れて，人にけがをさせるための武器です。

Step 1 | 基本チェック

第1章 国際社会②
第2章 課題の探究

10分

次の問題に答えよう！　間違った問題には□にチェックをいれて，テスト前にもう一度復習！

1 貧困解消と環境保全　▶ 教 p.189-202

解答欄

□ ❶ 　1日に1.9ドル未満で生活する，世界全体の約10人に1人が
おかれている状態を何というか。

❶

□ ❷ 　本来食べることのできる食品が捨てられる問題を何というか。

❷

□ ❸ 　先進国の政府が中心になって行っている援助を何というか。

❸

□ ❹ 　発展途上国の品物を適正な価格で取り引きすることを何というか。

❹

□ ❺ 　国境を越えて地球全体に広がる環境問題を何というか。

❺

□ ❻ 　1997年に採択された［京都議定書］で削減目標が定められた
二酸化炭素などを何というか。▶ 図1

❻

□ ❼ 　2015年に採択された❻の削減に取り組む枠組みを何というか。

❼

□ ❽ 　石油や石炭など，埋蔵された資源を何というか。

❽

□ ❾ 　リデュース，リユース，［リサイクル］の3つを何というか。

❾

□ ❿ 　原子力をエネルギーとする発電を何というか。▶ 図2

❿

□ ⓫ 　枯渇しない，太陽光，風力，水力などのエネルギーを何というか。

⓫

□ ⓬ 　2015年に国連で採択された30年までに達成する目標を何というか。

⓬

□ ⓭ 　一人一人の生活を守るという考え方を何というか。

⓭

2 課題の研究　▶ 教 p.203-210

□ ⓮ 　現在の世代も将来の世代も共に満足して暮らせる社会を何というか。

⓮

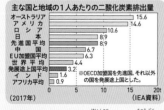

主な国と地域の1人あたりの二酸化炭素排出量

オーストラリア	15.6
アメリカ	14.6
ロシア	10.6
日本	8.9
先進国平均	8.9
中国	6.7
EU加盟国平均	6.3
世界平均	4.4
発展途上国平均	3.2
インド	1.6
アフリカ平均	0.9

※OECD加盟国を先進国，それ以外の国を発展途上国とした。

0　5　10　15　20t
(2017年)　　　　　　(IEA資料)

主な国の発電量の割合

原子力，地熱・風力など

	水力	火力	原子力	地熱・風力など
世界		火力64.5%	16.3	10.2	9.0
日本		85.5		8.9
中国		70.5	17.9	7.9
アメリカ		62.8	7.6	19.6	10.0
フランス	11.2	9.8	70.9	8.1
ドイツ		52.9	11.7	31.4

(2017年)　(WORLD ENERGY STATISTICS 2019ほか)

図1　国・地域別の排出量では中国が最大であるが，1人あたりの排出量では，中国は日本よりも少ない。

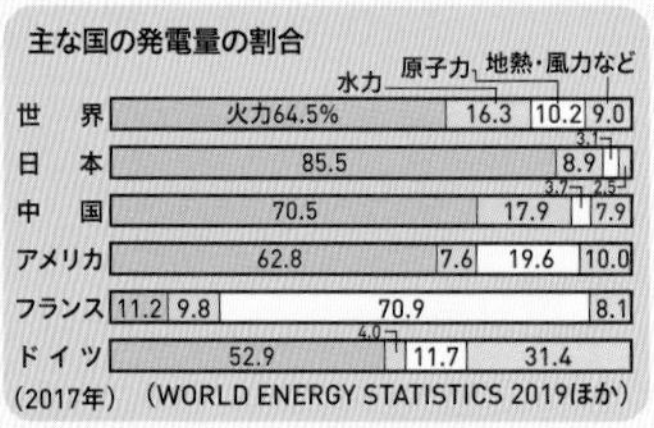

図2　原子力は少ない燃料で多くのエネルギーを作り出せるが，安全性についての議論が続いている。

日本は，2011年の原子力発電所の事故以降，原子力の割合を減らし，化石燃料の割合を増やしてきているよ。

[解答 ▶ p.19]

Step
2 ｜ 予想問題 ：第 1 章 国際社会②
　　　　　　 第 2 章 課題の探究

1ページ
10分×3

【 貧困問題とその解消 】

❶ 次の地図を見て，あとの問いに答えなさい。

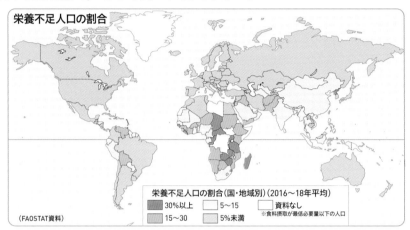

栄養不足人口の割合

栄養不足人口の割合(国・地域別)(2016〜18年平均)
- 30%以上
- 15〜30
- 5〜15
- 5%未満
- 資料なし
※食料摂取が最低必要量以下の人口

(FAOSTAT資料)

☐ ❶ 地図が示す栄養不足人口は世界におよそ何人いますか。㋐〜㋑から選びなさい。

㋐ 1 億人　　　㋑ 2 億人　　　㋒ 4 億人　　　㋓ 8 億人　　　（　　　　　）

☐ ❷ 地図から，世界の栄養不足人口の割合が高い国が最も多い大陸を書きなさい。

（　　　　　）

☐ ❸ 栄養不足は，貧困から十分な食料を得ることができないために起こります。世界で貧困状態
にある人々は，1 日に何ドル未満で生活していますか。㋐〜㋓から選びなさい。

（　　　　　）

㋐ 1.9ドル未満　　㋑ 2.8ドル未満　　㋒ 3.5ドル未満　　㋓ 4.4ドル未満

☐ ❹ 世界全体では，人々が十分に食べられる量の食料は生産されていますが，先進国では本来
食べることのできる食料が捨てられています。これを何といいますか。（　　　　　）

☐ ❺ 世界の貧困を解消しようとする取り組みについて，次の問いに答えなさい。

① 2000年に国際連合でまとめられた，貧困や飢餓で苦しむ人口の半減など八つの目標を
掲げたものを何といいますか。

（　　　　　）

② 先進国の政府が中心となって行われている，食料援助や教育の普及，社会資本の整備
などをはじめとする技術，資金援助を何といいますか。　　　　　　（　　　　　）

③ 発展途上国で社会的な立場の弱い人たちが自立するために起業しようとするとき，必要
な資金を融資することを何というか，㋐〜㋓から選びなさい。　　　（　　　　　）

㋐ マイクロクレジット　　　㋑ フェアトレード

㋒ ポピュリズム　　　　　　㋓ ワーク・ライフ・バランス

🔦ヒント　❶❶世界の約 9 人に 1 人が貧困状態といわれています。

❌ミスに注意　❶❺③お金を借りることをクレジットといいます。

【 地球規模で広がる環境問題 】

❷ 次の文章を読んで，あとの問いに答えなさい。

　地球規模でさまざまな_a環境問題が起こっている。中でも地球温暖化については，二酸化炭素などの_b温室効果ガスの削減のため，1997年に（　㋐　）が採択され，2015年には（　㋑　）が採択された。

□ ❶ 文中の㋐・㋑にあてはまる語句を書きなさい。

㋐（　　　　　　　　　　　）　㋑（　　　　　　　　　　　）

□ ❷ 下線部 a について，次の環境問題を，㋐～㋤から選びなさい。
　　① 今まで生えていた植物が枯れて，砂が押し寄せる。　　（　　　　　）
　　② 湖の魚などが死に，森林が枯れ，大理石などの像がとける。　（　　　　　）
　　③ 熱帯雨林が開発され，森林が伐採される。　　　　　（　　　　　）
　　　㋐ 森林の減少　　　　　㋑ 酸性雨
　　　㋒ オゾン層の破壊　　　㋤ さばく化

□ ❸ 下線部 b について，右の図は，国・地域別二酸化炭素排出量を示しています。図中の A・B にあてはまる国名を書きなさい。

A（　　　　　　　　　）

B（　　　　　　　　　）

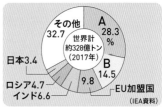

↑国・地域別二酸化炭素排出量

【 資源・エネルギー問題 】

❸ 右の図を見て，次の問いに答えなさい。

□ ❶ 図中の A にあてはまる日本の発電のおよそ9割を占めるものは何ですか。

（　　　　　　　　　）

□ ❷ 図中の B には，日本の発電に占める割合は小さいが，枯渇する心配のないエネルギーがあてはまります。このエネルギーを何といいますか。　　　（　　　　　　　　　）

		水力	原子力	B
世　界	A 64.5%	16.3	10.2	9.0
日　本	85.5		8.9	3.1
中　国	70.5	17.9	7.9	3.7 2.5
アメリカ	62.8	7.6	19.6	10.0
フランス	11.2 9.8	70.9		8.1
ドイツ	52.9	11.7	31.4	4.0
(2017年)	(WORLD ENERGY STATISTICS 2019ほか)			

↑主な国の発電量の割合

□ ❸ ❷のエネルギーについての問題点として間違っているものを，㋐～㋤から選びなさい。
　　　　　　　　　　　　　　　　　　　　　　（　　　　　　　　　）
　㋐ 自然状況に影響されるため，電力供給が安定しない。
　㋑ 設置場所が限られるため，自由な場所に設置することができない。
　㋒ 発電能力が小さいため，商用としての使用ができない。
　㋤ 発電にかかる費用が高い。

・・

💡 ヒント ❷❸最も二酸化炭素の排出量が多い国は，世界一人口が多い国です。

❌ ミスに注意 ❸❸風力は風が必要，太陽光は太陽の日ざしが必要です。

［解答 ▶ p.19］

【 国際社会のよりよい発展 / 持続可能な社会を目指して 】

❹ 次の文章を読んで，あとの問いに答えなさい。

　　地球環境問題をはじめ，貧困や紛争などの課題に取り組んでいくことは，ₐ「持続可能な社会」の実現につながる。2015年に国連で，ᵦ持続可能な開発目標が採択され，そこには一人一人の生活を守る「 c人間の（　㋐　）」の考えも反映されている。そして，目標を推進するためには，国際機関や各国の政府のほかに（　㋑　）や民間企業などさまざまな協力が必要である。

□ ❶ 文中の㋐・㋑にあてはまる語句を書きなさい。

㋐（　　　　　　　　　）　㋑（　　　　　　　　　）

□ ❷ 下線部 a について，世界で発生している社会的課題を解決していくために求められるものを，㋐〜㋓から選びなさい。　　　　　　　　（　　　　　）

　㋐ 自国の国民の発展を優先する政策を実現する。

　㋑ さまざまな活動において継続し発展するものを考える。

　㋒ 技術革新をすることなく，現在の社会の持続を図る。

　㋓ グローバル化をより進めることで，世界の文化を統一する。

□ ❸ 下線部 b について，次の問いに答えなさい。

　① 「持続可能な開発目標」のアルファベットの略称を何といいますか。　　　　　　　　　　（　　　　　　　　　）

持続可能な開発目標の略称は，「エス・ディ・ジーズ」と読むんだよ。

　② 次の図は，持続可能な開発目標を示しています。

　　図中の A 〜 D にあてはまる語句を，下の㋐〜㋓から1つずつ選びなさい。

A（　　　　　）
B（　　　　　）
C（　　　　　）
D（　　　　　）

　㋐ 陸　　㋑ 海　　㋒ 飢餓　　㋓ 不平等

□ ❹ 下線部 c の概念を1994年に打ち出した組織を，㋐〜㋓から選びなさい。（　　　　　）

　㋐ 国連環境計画　　　㋑ 国連貿易開発会議

　㋒ 国連開発計画　　　㋓ 国際復興開発銀行

⌨ヒント ❹❶㋐国家についての考え方を人間一人一人にあてはめたものです。

✖ミスに注意 ❹❸②イラストで表現されているものから想像して考えてみましょう。

Step 3　予想テスト　第 1 章 国際社会　第 2 章 課題の探究

⏱ 30分　　／100点　目標 70点

❶ **右の資料を見て，次の問いに答えなさい。** 各 5 点

☐❶ 資料中の排他的経済水域とはどのような水域か，
簡単に書きなさい。

☐❷ 資料中の██████は日本の領土を示しています。
領土と領海，領空を合わせた領域は，
国家の何がおよぶ範囲ですか。

☐❸ 資料中の北方領土に含まれる
日本の最北端にある島を何といいますか。

☐❹ 資料中の沖縄島の面積の約15％はアメリカ軍の
施設です。日本にアメリカ軍の基地が
置かれている根拠となる条約を何といいますか。

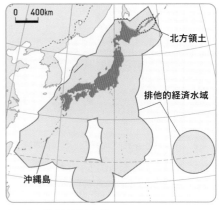

↑日本の排他的経済水域

❷ **次の文章を読んで，あとの問いに答えなさい。** 各 5 点

　　国際社会の（　㋐　）と安全を維持することを目的に ₐ国際連合は発足した。しかし，
民族・宗教の対立や ♭経済格差などを原因とする ｃ地域紛争や内戦は増加している。また，
政治的主張のために無差別に市民を巻き込む（　㋑　）も増えている。

☐❶ 文中の㋐・㋑にあてはまる語句を書きなさい。

☐❷ 下線部 a について，資料Ⅰは，国連分担金の割合を示しています。
分担金の上位 5 か国のうち，常任理事国でない国を
すべて書きなさい。技

☐❸ 資料Ⅰから，安全保障理事会において公正の面から
指摘されている課題を，簡単に書きなさい。思

☐❹ 資料Ⅱは国連加盟国数の変化を示しています。1945年
に比べ，加盟国数が最も増加した地域を書きなさい。

☐❺ 下線部 b について，先進国と発展途上国の経済格差が
原因となっておこるさまざまな問題を何といいますか。

☐❻ 経済格差による問題として南南問題とよばれるものが
あります。南南問題とはどのような問題ですか，
簡単に書きなさい。

☐❼ 下線部 c について，地域紛争や内戦によって，
自国の外に逃れる人が増えています。このような人を何といいますか。

☐❽ ❼の人々を保護する活動を行っている国連の機関を何といいますか。

資料Ⅰ　国連分担金の割合

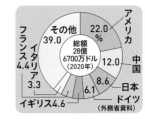

資料Ⅱ　国連加盟国数の変化

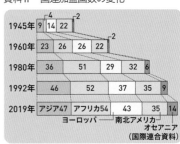

❸ 次の文章を読んで，あとの問いに答えなさい。 各５点，❸完答，❷10点

世界には，a貧困問題，b環境問題，c資源・エネルギー問題などさまざまな課題がある。国際社会がよりよく発展するためには，さまざまな課題に取り組む必要がある。国連では，2015年にd持続可能な開発目標（SDGs）を採択し，「誰一人取り残さない」ことを理念とし，17の目標が設定された。

□ ❶ 下線部aについて，フェアトレードという取り組みが行われています。フェアトレードとはどのようなものか，簡単に書きなさい。

点UP □ ❷ 下線部bについて，1997年に制定された京都議定書は，温室効果ガスの削減には不十分だと指摘されていました。その理由を，右の資料を参考にして，簡単に書きなさい。[思]

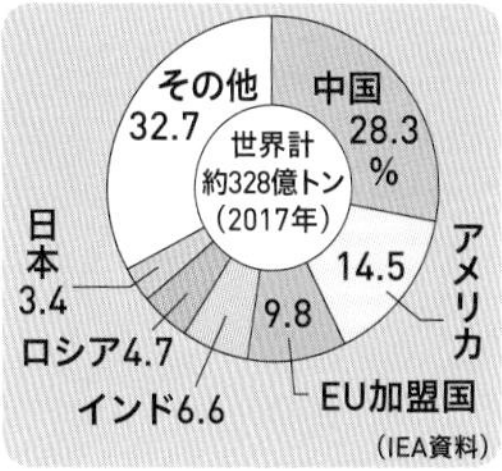
その他
32.7
中国
28.3
%
世界計
約328億トン
(2017年)
アメリカ
14.5
EU加盟国
9.8
インド6.6
ロシア4.7
日本
3.4
(IEA資料)

↑国・地域別二酸化炭素排出量

□ ❸ 下線部cについて，資源・エネルギーをより効率的に利用するために，３Ｒを推進している。３Ｒを３つすべて書きなさい。

□ ❹ 再生可能エネルギーに属するものを，㋐～㋔からすべて選びなさい。

㋐ 火力　㋑ 水力　㋒ 原子力　㋓ 風力　㋔ バイオマス

□ ❺ 下線部dのSDGsの理念には，1994年に国連開発計画が打ち出した概念の考え方も反映しています。この考え方を何といいますか。

□ ❻ SDGsは，将来の世代を含むすべての人が質の高い生活を送る社会の実現を目指したものです。このような社会を何といいますか。

❶	❶		
	❷	❸	❹
❷	❶㋐	㋑	❷
	❸		
	❹	❺	
	❻		
	❼	❽	
❸	❶		
	❷		
	❸		
	❹	❺	❻

❶ /20点 ❷ /45点 ❸ /35点

[解答▶p.20]

テスト前 ☑ やることチェック表

① まずはテストの目標をたてよう。頑張ったら達成できそうなちょっと上のレベルを目指そう。
② 次にやることを書こう（「ズバリ英語〇ページ，数学〇ページ」など）。
③ やり終えたら□に✓を入れよう。
　最初に完ぺきな計画をたてる必要はなく，まずは数日分の計画をつくって，
　その後追加・修正していっても良いね。

	目標		

	日付	やること1	やること2
2週間前	／	□	□
	／	□	□
	／	□	□
	／	□	□
	／	□	□
	／	□	□
	／	□	□
1週間前	／	□	□
	／	□	□
	／	□	□
	／	□	□
	／	□	□
	／	□	□
テスト期間	／	□	□
	／	□	□
	／	□	□
	／	□	□
	／	□	□

キリトリ線

社会公民 帝国書院版

QRコードのページに登録すると，「ぴたリンク」からも表をダウンロードできるよ

テスト前 ☑ やることチェック表

① まずはテストの目標をたてよう。頑張ったら達成できそうなちょっと上のレベルを目指そう。
② 次にやることを書こう（「ズバリ英語〇ページ，数学〇ページ」など）。
③ やり終えたら☐に✔を入れよう。
　最初に完ぺきな計画をたてる必要はなく，まずは数日分の計画をつくって，
　その後追加・修正していっても良いね。

目標

	日付	やること1	やること2
2週間前	／	☐	☐
	／	☐	☐
	／	☐	☐
	／	☐	☐
	／	☐	☐
	／	☐	☐
	／	☐	☐
1週間前	／	☐	☐
	／	☐	☐
	／	☐	☐
	／	☐	☐
	／	☐	☐
	／	☐	☐
	／	☐	☐
テスト期間	／	☐	☐
	／	☐	☐
	／	☐	☐
	／	☐	☐
	／	☐	☐

帝国書院版 社会公民 | 定期テスト ズバリよくでる | 解答集

第1章 現代社会と文化
第2章 現代社会をとらえる枠組み

p.2 Step ❶

① 情報社会 ② グローバル化
③ 少子高齢社会 ④ 核家族 ⑤ 文化
⑥ 異文化理解 ⑦ 年中行事 ⑧ 社会的存在
⑨ 合意 ⑩ 効率

p.3-5 Step ❷

❶ ① ㋐ 個人 ㋑ 人工知能（AI）
② インターネット
③ ㋐

❷ ① ㋐ 国際競争 ㋑ 多文化共生
② NGO
③ A

❸ ① A 平均寿命 B 合計特殊出生率（出生率）
② 少子高齢化
③ バリアフリー化

❹ ① ㋒
② （文化の）画一化
③ 年中行事
④ 伝統文化 ⑤ ㋓

❺ ① ㋐ 家族 ㋑ 対立
② 社会的存在
③ ① 効率 ② ㋐

❻ ① 決定
② A㋐ B㋑ C㋓ D㋒
③ きまり（ルール）

考え方

❶ ① ㋐ 企業の持つ顧客の情報は個人情報であり，流出すると大きな問題となる。㋑現代社会において，人工知能（AI）は欠かせないものとなっている。

② インターネットは世界のコンピュータを結ぶネットワークである。携帯電話でインターネット接続が行われるようになると，利用人口は大きく増加した。

③ 情報通信技術は英語で，Information and Communication Technologyであり，その頭文字からICTとよばれる。

❷ ① ㋐ グローバル化により，企業の競争相手は国内だけでなく，世界に広がっている。㋑同時にさまざまな文化に接する機会も増加し，互いの価値観を理解することが求められる。

② 非政府組織である。英語ではnon-governmental organizationとなり，その頭文字からNGOとよばれる。

③ 日本の貿易額は1990年代以降，輸出が輸入を上回ることが多くなっている。

❸ ① ② 日本は少子高齢化が進んでいる。A平均寿命が上昇したことで高齢者が増加し，B合計特殊出生率（出生率）が低下したことで少子化が進んだ。2018年の出生率は1950年の半分以下になっている。

③ 高齢になると一般的に運動機能が低下するため，少しの段差でものぼることが難しくなる場合がある。そのため段差をなくしたり，階段だけでなくエレベーターやエスカレーターを設置するなどのバリアフリー化が進められている。

❹ ① イスラム教では豚肉や酒類が禁止されている。イスラム教で禁止している食材が使われていない食品にハラルの認証がついている。

② アメリカで生まれたファストフード店と同じ店を日本のほか世界各地で見かける。このように世界で同じ食べ物が食べられるようになっていることは，文化の画一化の1つの表れである。

③ ④ 毎年ほぼ同じ時期に行わている行事を年中行事という。一般的に七夕や七五三のように昔から行われている伝統行事が多い。

⑤ 伝統文化は昔から行われていたものである。漫画は伝統文化ではなく，大衆文化（ポップカルチャー）に属する。

❺❶ ㋐ 人間は，生まれたときに家族という集団に属する。㋑人間は社会集団の中で生きていくため，意見の対立は必ず起こる。

❷ 人間は生まれたときから社会集団に属し，生きている間は何らかの社会集団に属している。このことから社会的存在といわれる。

❸ ① 効率とはいかに無駄がないかで解決策を判断する方法である。②公正には，手続きの公正さ，機会の公正さ，結果の公正さがある。㋐は手続きの公正さ，㋑と㋒は結果の公正さと機会の公正さにあたる。

❻❶❷ 決定を行うときの方法である。それぞれに短所と長所があることを理解することが重要である。

❸ 解決策はみんなの守るべききまり（ルール）となる。きまりには守るべき責任と義務が生じ，互いに権利と利益が保障される。

p.6-7 Step ❸

❶❶ A㋒　B㋑　C㋐

❷ ㋑

❸ 例 **ソーシャルメディアから個人情報(じょうほう)が流出してしまうトラブル。**

❷❶ **核(かく)家族**

❷ ㋑

❸ **1月**

❹ **宗教(しゅうきょう)**

❺ 例 **お互(たが)いの異なる文化の価値(かち)を認(みと)め，尊重(そんちょう)し合うこと。**

❸❶ ㋐ **義務(ぎむ)**　㋑ **利益(りえき)**　㋒ **契約(けいやく)**

❷ **社会集団**

❸ **本質(ほんしつ)的平等**

❹ 例 **並(なら)んだ順に待ち時間が決まるので，公正をより考えたものである。**

❺ ㋓

考え方

❶❶ 固定電話は携帯電話が普及したことで減少傾向(けいこう)になった。スマートフォンは，携帯電話に代わるもので急速に増加している。

❷ リテラシーは物事を理解する能力という意味がある。情報を有効に利用できる能力を情報リテラシーという。

❸ インターネットは誰もが自由に情報を発信できるが，インターネットを利用してより簡単に情報のやり取りをしやすくしたものがソーシャルメディアである。そのため，便利である反面，情報が簡単に広がりやすく，個人情報の管理を慎重(しんちょう)にする必要がある。

❷❶ A の世帯は夫婦(ふうふ)のみ，夫婦と子ども，父(母)のみと子どもの世帯である。

❷ ㋐ 資料Ⅰからは読み取れないが，高齢者の単独世帯は増加している。㋒世帯の割合(わりあい)では，単独世帯が増加しており，子どものいる世帯の割合が増加しているとはいえない。㋓資料Ⅰから人口の増加はわからないが，1960年の日本の人口はおよそ9200万人である。

❸ 資料Ⅱは初詣(はつもうで)の様子である。初詣は正月(しょうがつ)に行う年中行事の一つである。

❹ 文化を科学技術，芸術(げいじゅつ)，宗教に分けたとき，宗教にあたる。

❺ グローバル化において，異(こと)なる文化を否定したり，無視(むし)したりすることは争いの原因となる。共に生きるためには，互いの文化の価値を認め，尊重することが不可欠である。

❸❶ 家や土地を貸(か)し借(か)りするときの契約と同じように，合意によって定められたきまり（ルール）も契約となる。

❷ 家族は最も基礎的な社会集団であるが，ほかに，学校，地域など，人は生活する中でさまざまな社会集団に属している。

❸ 日本国憲法以前の大日本帝国(ていこく)憲法では，家族は戸主(こしゅ)に強い権限(けんげん)を与え，女性の地位は非常に低いものであった。

❹ 並んだ順にレジに入れるので，公正であるといえる。効率を求めるのであれば，好きなレジに並ぶほうが，無駄なスペースや場所をとる必要がない。

❺ ㋐は全会一致による決定方法である。理想的な決定方法であるが，決定までに時間がかかる。㋑は代表者による決定方法である。多くの意見が反映されない場合もある。㋒は多数，少数の意見のどちらも反映されない場合や当事者から不満が出る場合がある。

第１章 日本国憲法①

p.8 **Step ❶**

① **権力** ② **民主政治** ③ **立憲主義**
④ **基本的人権** ⑤ **法の支配**
⑥ **大日本帝国憲法** ⑦ **日本国憲法** ⑧ **国民主権**
⑨ **象徴** ⑩ **国事行為** ⑪ **平和主義**
⑫ **自衛隊** ⑬ **非核三原則**

p.9-11 **Step ❷**

❶ ① ㋑
　② **少数意見（の尊重）**
❷ ① A **権利** B **アメリカ独立**
　　C **フランス人権** D **ワイマール**
　② 人物 ㋑ 考え ㋖
　③ ㋑ ④ **普遍的**
❸ ① A **1889年** B **1946年**
　② **ＧＨＱ**
　③ **帝国議会（国会）**
　④ C **天皇** D **国民**
　⑤ ① **臣民の権利** ② ㋑ ⑥ ㋐
❹ ① A **国民主権** B **基本的人権の尊重**
　② ㋒ ③ **象徴** ④ ㋑
❺ ① A ㋓ B ㋐ C ㋑
　② **第９条** ③ **自衛隊** ④ **集団的自衛権**

考え方

❶ ① ㋐ ㋒賛成者が多い案が採用されるのと，賛成者が少ない案が採用されないのは問題ではない。図では最も賛成者の多い案で４人であるが，別の案への賛成者の合計が６人になる。もし，案が２つしかない場合，６人全員が別の案に賛成することも考えられる。
　② 多数決でも図のような場合，多数決で決定した結果が必ずしも過半数の賛成を得たものとは限らない。
❷ ① A権利章典は，イギリスにおいて議会に基づく政治を確認したものである。Bアメリカ独立宣言は，基本的人権の保障と国民主権を宣言した。Cフランス人権宣言は，基本的人権の保障，国民主権，権力の分立を定めた。Dワイマール憲法は，社会権の考えを初めて明記した。
　② ㋐ のルソーはフランスの思想家で，㋗の考えを唱えた。㋒のモンテスキューはフランスの思想家で，㋕の三権分立の考えを唱えた。
　③ 労働者など弱い立場の人の生活を守るために生まれたのが社会権である。社会権には教育を受ける権利や労働組合を結成する権利などが含まれる。
　④ 人権は特定の国民にあるのではなく，誰もが持つものである。
❸ ① 大日本帝国憲法は1889年２月11日に発布され，1890年11月29日に施行された。日本国憲法は1946年11月３日に公布され，1947年５月３日に施行された。
　② GHQの正式名称は，連合国軍最高司令官総司令部である。第二次世界大戦後のポツダム宣言を執行するために日本を占領し，政策を実施した機関である。
　③ 日本国憲法は，大日本帝国憲法の改正という形式で制定された。日本国憲法は，日本初の男女普通選挙によって選ばれた衆議院議員が参加する帝国議会で審議され，制定された。
　④ 大日本帝国憲法では，天皇は，「大日本帝国ハ万世一系ノ天皇之ヲ統治ス」（第１条）と定めている。日本国憲法では，天皇は，「天皇は，日本国の象徴であり日本国民統合の象徴であつて，この地位は，主権の存する日本国民の総意に基く」（第１条）と定めている。
　⑤ ① 君主国において支配される人々を臣民という。
　②人権を法律で制限することが可能であると，人権を保障することはできない。第二次世界大戦前に制定された治安維持法は，自由権を大幅に制限した。
　⑥ ㋑ 天皇の地位を国民の統率者としていない。㋒第２章で平和主義，第３章で国民の権利及び義務を定めている。㋓第８章に地方自治についての規定が定められている。
❹ ① A 主権在民主義とは国民主権を意味している。B民主主義は国民の権利を尊重した政治であり，日本国憲法の三大原理の一つとしては，基本的人権の尊重があてはまる。

➋ 年齢制限があるため，中学生には選挙で投票することや国会議員に立候補することはできない。

➌ 象徴とは，形のないものを表す具体的なもののことである。日本国憲法では，日本国や日本国民全体を表すものという意味になる。

➍ ㋐ 条約の調印は内閣の仕事。㋒内閣総理大臣を指名するのは国会の仕事，内閣総理大臣を任命するのは国事行為。㋓都道府県知事は住民の選挙で選ばれる。

❺ ➊ C 交戦権は国が戦争を行う権利のことである。日本は憲法で国の交戦権を認めないことで戦争放棄を明確にしている。

➋ 日本国憲法第 9 条は日本国憲法の第 2 章であり，第 2 章の条文は第 9 条だけである。

➌ 日本国憲法では，自衛権は放棄していないという解釈で，自衛隊が整備されている。

➍ 集団的自衛権は，日本と密接な関係にある国が武力攻撃を受けたとき，日本が攻撃してきた国に対して反撃する権利である。日本に武力攻撃がない状況で反撃することが，自衛隊を設置した理由からみて正当性があるか，議論されている。

第 1 章　日本国憲法②

p.12　**Step ❶**

➊ **個人の尊重**　➋ **精神活動の自由**
➌ **経済活動の自由**　➍ **平等権**
➎ **アイヌ施策推進法**　➏ **生存権**
➐ **教育を受ける権利**　➑ **労働基本権（労働三権）**
➒ **参政権**　➓ **裁判を受ける権利**　⓫ **環境権**
⓬ **三権分立**　⓭ **国民投票**

p.13-15　**Step ❷**

❶ ➊ **基本的人権** の構成
➋ ㋐
➌ A㋒　B㋑　C㋐　D㋓

❷ ➊ A **精神活動**　B **経済活動**　C **生命・身体**
➋ ㋐
➌ **知的財産権**

❸ ➊ **全国水平社**
➋ A㋓　B㋑　C㋐
➌ **在日韓国・朝鮮人**
➍ **国**

❹ ➊ **ワイマール**
➋ ① **団結権**　② **団体交渉権**　③ **団体行動権**
➌ 語句 ㋑　権利 **生存権**

❺ ➊ **公共の福祉**
➋ **国民主権**
➌ ㋒
➍ **納税の義務**
➎ **知る権利**

❻ ➊ ㋐ **立法**　㋑ **行政**　㋒ **三権分立**
➋ **憲法の番人**
➌ **憲法保障**
➍ ㋒

考え方

❶ ➊ 個人の尊重が基本的人権の基本となる。

➋ 個人の尊重は，多様な個性を持つ人々が共存して自分らしく生きるために必要なことである。

➌ ㋐ 選挙権は参政権の一つである。㋑教育を受ける権利は社会権に含まれる。㋒適正な手続きなしに刑罰を受けない権利は自由権に含まれる。㋓法の下の平等は平等権に含まれる。

❷ ➊ 自由権には，精神活動の自由，経済活動の自由，生命・身体の自由がある。

➋ 精神活動の自由であるから，㋐の信教の自由があてはまる。㋑は経済活動の自由，㋒生命・身体の自由である。

➌ 財産とは一般的に現金や土地，建物などの形のあるものであるが，発明やアイデアなどの形のないものの権利を守るための権利である。

❸ ➊ 全国水平社は，1922年に創立された，被差別部落出身者自身が自由と平等を勝ち取るための組織である。このときの水平社宣言は，人間の平等をうたい，日本初の人権宣言ともいわれている。

➋ ㋒ の男女雇用機会均等法は1985年に制定された法律である。

③ 日本が1910年に韓国を併合し，植民地としたことで，多くの朝鮮の人が日本に連れてこられるなどしたことから，第二次世界大戦終了時には約200万人の朝鮮出身者が日本にいた。

④ いわれのない差別をなくすことは国民的課題であり，それを推進するためには国の働きが必要である。

❹ ① ワイマール憲法は第一次世界大戦後のドイツで制定された憲法である。国民主権を定め，市民の自由を保障し，社会権を保障した。

② 社会権は人間らしい生活を送るための権利である。これには，人間らしい生活を送る知識を得るための教育を受ける権利，労働するための勤労の権利や，労働者の権利として労働基本権などが含まれる。労働基本権には，労働組合を結成する団結権，団体で交渉する団体交渉権，ストライキなどを行う団体行動権がある。

③ 日本国憲法第25条は社会権に含まれる生存権を規定した条文である。

❺ ① 公共の福祉とは，社会全体の共通の利益であり，相互の人権が衝突や対立するのを調整するための原理である。

② 参政権は政治に参加する権利である。代表的なものが選挙権で，代表者を選ぶ権利である。国民の選挙によって選ばれた代表者が政治を行うことが国民主権を実践していることになる。

③ 教育を受ける権利は，社会権に属する。社会権は人間らしい生活を送る権利であるので，そのためには人間らしい生活を送るための知識を得る必要がある。

④ 国民の三つの義務は，普通教育を受けさせる義務，勤労の義務，納税の義務である。

❻ ① ㋐ 立法権とは法律を制定する権利である。㋑行政権は政治を実際に行う権利である。㋒三権分立は，国の権力を三つに分け，それぞれ別の機関に分担させることで，互いの抑制と均衡を図るしくみである。

② 違憲審査権はすべての裁判所が持つが，最終的には最高裁判所が違憲か合憲かの最後の判断を下す。

③ 違憲審査は憲法保障の制度の一つである。憲法が国家機関によって侵害されることを防ぐ働きがある。

④ 憲法改正の発議に必要な賛成票は，各議院総議員の3分の2以上である。例えば，衆議院の議員数が465人であった場合，出席議員が300人であったら，全員が賛成しても廃案になる。

p.16-17 Step ❸

❶ ① A

② ㋑

③ **民主政治**

④ ㋓ → ㋑ → ㋒ → ㋐

⑤ 例 **国民の代表によって作られた法に従って国王が政治を行うしくみであるから。**

❷ ① 公布日 **1946年11月3日**

施行日 **1947年5月3日**

② ㋐

③ ㋑

④ 例 **国民が政治に参加するためには，国家が保有している情報を知る必要があるから。**

⑤ 例 **核兵器を「持たず，作らず，持ち込ませず」という原則。**

❸ ① **PKO**

② A **個別的** B **集団的**

③ **日米安全保障条約**

❹ ① ㋑

② **国民審査**

③ 例 **三権を三つの機関に担わせることで，権力の濫用を抑制し合い，権力の暴走を防ぐため。**

[考え方]

❶ ① 「人の支配」とは，国王などが行う専制政治である。それに対し，「法の支配」は国民によって制定された法に従って行われる政治で，国王は政府として法に従って政治を行う。

② ㋐ アメリカのリンカン大統領が南北戦争のときの演説で表明した民主主義の理念である。㋒日本国憲法では，国会を国権の最高機関であると定めている。

④ ㋐は1889年，㋑は1776年，㋒は1789年，㋓は1689年である。

❷ ① 現在は日本国憲法の公布日の11月３日は文化の日，施行日の５月３日は憲法記念日となっている。日本国憲法が公布されたのは，第二次世界大戦が終了した1945年の翌年の1946年，施行されたのはその翌年の1947年である。

② ㋐ 国会が天皇の協賛機関であったのは大日本帝国憲法下においてである。

③ ㋐は職業選択の自由で自由権の経済活動のの自由の一つである。㋒は信教の自由で自由権の精神活動の自由の一つである。㋓は日照権で新しい人権の環境権の一つである。

④ 国民主権では，国民に政治についての最終的な決定権がある。そのためには，政治がどのように行われているかを国民が知らなければ，賛成も反対もできない。そこで，国民には政府が持つ情報を知る権利がある。

⑤ 非核三原則は，1971年に国会で決議され，日本の核兵器に対する基本方針となっている。

❸ ① 1992年に国連平和維持活動（ＰＫＯ）協力法が成立し，自衛隊がＰＫＯに参加するようになった。

② 個別的自衛権とは，他国から武力攻撃を受けたとき，自衛のために武力行使を行う権利。集団的自衛権とは，密接な関係のある他国が武力攻撃を受けた場合，要請に基づきその国を防衛するために武力攻撃を行う権利。

③ 日米安全保障条約は，1951年にサンフランシスコ平和条約が結ばれたときに，締結した。

❹ ① 三権分立では，法律を制定する権利である立法権を国会，実際の政治を行う権利である行政権を内閣，法により裁判を行う権利である司法権を裁判所が担当している。

② 最高裁判所の裁判官を国民が審査する制度である。国民審査によって過半数の有権者が最高裁判所の裁判官としてふさわしくないと判断すれば，その裁判官は罷免される。

③ 国家権力が一つの機関に集中すると，法律が作られても，その法律を自由に解釈することが可能になり，国王による専制政治と同様に，国民の権利が侵害されることになる。

第２章 民主政治①

p.18　Step 1

① **政治**　② **直接民主制**
③ **間接民主制（議会制民主主義）**
④ **政権公約（マニフェスト）**　⑤ **野党**
⑥ **政党政治**　⑦ **平等選挙**　⑧ **国会**
⑨ **二院制**　⑩ **衆議院の優越**　⑪ **本会議**
⑫ **内閣総理大臣**　⑬ **議院内閣制**　⑭ **行政改革**

p.19-21　Step 2

❶ ① ㋐ **政治**　㋑ **国会（議会）**　㋒ **マスメディア**
② **間接民主制**　③ ㋓
④ **公約**　⑤ **メディアリテラシー**

❷ ① **与党**　② **連立政権**
③ **政党政治**　④ ㋒

❸ ① A **小選挙区制**　B **比例代表制**
② ㋑　③ **死票**

❹ ① A 25　B 30
② **二院制**　③ **衆議院の優越**
④ **弾劾裁判**
⑤ ㋐，㋔
⑥ **両院協議会**

❺ ① A **常会（通常国会）**
B **臨時会（臨時国会）**
C **特別会（特別国会）**
② ㋐ **本会議**　㋑ **委員会**
③ **議員立法**

❻ ① ㋐ **閣議**　㋑ **地方分権**　② ㋑
③ **議院内閣制**
④ **規制緩和**

考え方

❶ ① ㋐ 政治は一般に国や地方公共団体の働きを指し，国や地方公共団体は社会秩序を保ち利益を増進させるための働きをしている。㋑国民に選ばれた代表者が討議する場である。㋒大量の情報を大衆に伝達する働きをする新聞やテレビ，ラジオなどをマスメディアという。

② 国民全員が直接政治に参加する直接民主制に対し，代表者を選び，代表者が政治を行うことから間接民主制という。

③ 世論は多くの人々が政治に対して持つ意見のことで，世論の形成はマスメディアが大きな役割を持つ。

④ 選挙の際に有権者は政治家の公約から，誰に投票するかを判断する。

⑤ マスメディアなどで発信される情報は，発信する人がいかに公正に情報を選んだとしても，情報を選ぶ人の意思が反映される。その中で，信頼できる情報かどうかを自分で判断する能力を持つことは重要である。

❷ ① 政党は政権を担当する与党と，それ以外の野党に分けられる。

② 連立政権の場合，議会の議席数が２番目と３番目の政党による内閣になることもあり，議会で議席数が最も多くても過半数に満たなければ，野党になることもある。

③ 現代の国の多くは政党が中心となって国会を運営する政党政治が行われている。

④ 日本は1955年以降長い間，自由民主党（自民党）が一貫して与党となり政権を担当した。90年代以降，政党の再編が進み，連立政権が多くなったが，2009年の衆議院議員総選挙で民主党が衆議院の多数を占め，政権を獲得した。しかし，その後，2012年の選挙では自民党が多数を占め，与党に復帰し，民主党は分裂した。

❸ ① Ａは選挙区ごとに１名が当選する小選挙区制。Ｂは有権者が政党に投票し，政党の得票数に応じて議席を配分する比例代表制である。

② 小選挙区制は最多得票数の候補者のみが当選するため，大政党に有利といわれる。また，少ない意見の側に立つ候補者は当選が難しい。

③ 落選した候補者が獲得した票を死票という。図中の小選挙区制では，当選者の得票が８票に対し，死票が10票になる。

❹ ① 被選挙権は，候補者として立候補できる権利である。衆議院議員は市町村長や地方議会議員と同じ25歳以上，参議院議員は都道府県知事と同じ30歳以上と定められている。

② 国会は，慎重な審議と，国民の多様な意見を反映させるために，二院制をとっている。

③ 二院制は慎重な審議が行える反面，二院が異なる議決を続ければ，決定ができない。そのため，任期が短く解散もある衆議院のほうが，参議院よりも国民の意見を反映しやすいということから，衆議院に参議院よりも強い権限を与えている。

④ 両議院から７名ずつの国会議員で構成され，訴追を受けた裁判官を辞めさせるかどうか，または，辞めさせた裁判官に，失った資格を回復させるかどうかの判断を行う。

⑤ ㋑ 裁判は独立して行われるので，裁判について国会が干渉することはできない。㋒予算案を作成するのは内閣である。㋓最高裁判所以外の裁判官は最高裁判所が指名し，内閣が任命する。

⑥ 両議院から10名ずつの議員で構成される。

❺ ① Ａの常会（通常国会）では，主に次年度の予算について審議する。Ｃの特別会（特別国会）では，必ず内閣総理大臣の指名が行われる。特別会は，衆議院解散後の総選挙の後に召集される。ただし，衆議院の任期満了に伴う総選挙後に召集されるのは臨時会である。

② 国会において，審議の中心は分野ごとに分かれた委員会で行われ，委員会の決定を経て本会議で議決される。

③ 法案を提出できるのは内閣と国会議員である。法案の提出数では議員提出のものが多いが，成立数では内閣提出のものが多い。

❻ ① ㋐ 閣議は原則非公開で行われる。㋑中央に権限や財源が集まることを中央集権という。

② 国務大臣の過半数は国会議員でなければならない。また，国務大臣の任命権と罷免権は内閣総理大臣にある。

③ 国の政治のあり方として，議院内閣制と大統領制がある。議院内閣制をとる国にはイギリス，大統領制をとる国にはアメリカ，議院内閣制と大統領制を組み合わせている国にはフランスがある。

④ 住宅を旅行者の宿泊施設として使用することは，宿泊者の安全確保のため禁止されていた。しかし，2017年にいわゆる民泊新法が成立し，宿泊が可能になった。

第2章 民主政治②

p.22 **Step ❶**

❶ 司法（裁判） ❷ 三審制
❸ 推定無罪の原則 ❹ 裁判員制度
❺ 地方自治 ❻ 地方分権 ❼ 条例
❽ 直接請求権 ❾ 地方財政
❿ 地方交付税交付金 ⓫ 依存財源
⓬ 投票率

p.23-25 **Step ❷**

❶ ❶A 控訴 B 上告 ❷ 三審制
❸ 民事裁判 ⦿⦿ 刑事裁判 ⦿⦿
❹ 原告 ❺ 検察官
❷ ❶ 裁判官 ❷ ⦿ ❸ 6人
❸ ❶A 地方公共団体（地方自治体） B 住民自治
❷ ⦿, ⦿, ⦿, ⦿
❸ 民主主義の学校
❹ ❶ 知事 ❷ 地方議会 ❸ ⦿
❹ ❶ ⦿ ❷ ⦿ ❺ NPO
❺ ❶ 地方税 ❷ 自主財源 ❸ a ⦿ b ⦿
❹ オンブズマン（オンブズパーソン）
❻ ❶ 棄権 ❷ ⦿ ❸ 18歳以上

考え方

❶ ❶第一審の判決に不服で第二審を求めること
を控訴という。第二審に不服で第三審を求め
ることを上告という。
❷裁判は慎重な審理をもとに判決が下される
が，常に正しい判断が下されるとは限らない。
三審制は，より慎重に裁判を行うことで，
国民の権利を守るためのものである。
❸民事裁判は，私人間の権利の侵害に関する
裁判である。刑事裁判は犯罪を裁く裁判で
ある。⦿空き巣は窃盗であり犯罪である。
⦿国民が権利を侵されたとして国を訴えた
裁判である。国を相手にした民事裁判は行
政裁判という。⦿出版物に権利を侵害され
たとして訴えた裁判である。⦿スピードの
出し過ぎは法律違反の犯罪である。
❹民事裁判では，裁判所に訴えを起こした人
を原告，裁判所に訴えられた人を被告という。
❺刑事裁判は，検察官が被疑者を裁判所に起

訴することで裁判となり，起訴された被疑
者は被告人となる。
❷ ❶警察が捜索や逮捕する際には，現行犯を除き，
裁判官が発行する捜索令状や逮捕令状が必
要である。
❷司法制度改革は，国民が裁判を身近に感じ
られるように進められている。日本は，裁
判に関わる裁判官，検察官，弁護士の数を
増やすことや，裁判員制度の導入，法律に
関する相談を受ける「法テラス」（日本司法
支援センター）の設立などが行われている。
❸裁判員は，20歳以上の有権者から選ばれる。
裁判では3人の裁判官と6人の裁判員が評
議して評決し，判決を下す。全員が一致し
ない場合は多数決で評決するが，多数意見
に裁判官が1人以上含まれる必要がある。
❸ ❶B 住民自身で問題を解決するという原則で
ある。
❷⦿と⦿は地方公共団体の仕事ではなく，国
の仕事である。
❸「地方自治は民主主義の学校である」は，
イギリスのジェームズ・ブライスの言葉で，
地方自治は，住民が直接政治に参加する機
会が多く，民主主義を実践できる場となる。
❹ ❶❷地方公共団体は執行機関である首長と議
決機関の地方議会が，ともに住民の直接選
挙で選ばれる。このようなしくみを二元代
表制という。内閣総理大臣と国会の関係と
似ているが，首長が議会を解散できるのは，
議会が首長の不信任決議を行った場合のみ
である。また，首長は議会の議決に対し再
議を請求できる。
❸条例は法律の範囲内で制定できる，制定し
た地方公共団体にのみ適用される法である。
法律の範囲内であるので，法律よりも権限
は弱い。
❹直接請求権は，住民が一定数の署名を集め
て請求する権利である。解職請求や議会の
解散請求は職業をうばうことになる請求で
あるので，署名数が有権者数の3分の1以
上となっている。そのほかの条例の制定・
改廃請求，監査請求は有権者数の50分の1
以上の署名が必要である。

➎ Non profit Organization（非営利組織）の略称である。福祉や教育，まちづくりなどの分野で活躍する組織で，このような組織の活動の発展を促進する目的で特定非営利活動促進法が制定された。

❺ ➊ 地方公共団体が徴収する税である。地方税の割合が高いほどその地方公共団体の財政は健全であるといえる。

➋ 地方税は地方公共団体自身が集めることのできる資金であるので自主財源という。地方公共団体は自主財源の割合が低い。

➌ 地方交付税交付金は，地方公共団体の財政格差を是正するために国から分配される資金である。例えば東京都の場合，地方税の割合が高いため，地方交付税交付金を受けていない（2017年度）。国庫支出金は使いみちが指定されて国から支払われる資金である。

➍ オンブズマンはスウェーデン語の「代理人」を語源とする。日本では1990年に神奈川県川崎市で最初に設置された。

❻ ➊ 投票率は全体的に低下傾向にある。特に20歳代の投票率は30％台となっており，20歳代の国民の６割以上の人が政治に参加していないことになる。

➋ 少子高齢化が進み，高齢者の数が増加し，20歳代，30歳代の年齢が減少している。そのため20歳代，30歳代の投票率が低くなると若者の意見が政治に届きにくくなるおそれがある。

➌ 日本の選挙権は1945年に20歳以上のすべての国民に与えられた。2015年の公職選挙法の改正で，選挙権の年齢が18歳以上に引き下げられた。

p.26-27 Step 3

❶ ➊ ㋐ **間接** ㋑**公約**

➋ ① **小選挙区比例代表並立制**

② 例 **法律が定める一票の価値に格差があることが，憲法が定める法の下の平等に反しているから。**

➌ **メディアリテラシー**

➍ **与党**

❷ ➊ A ㋒ B ㋑

➋ ① **裁判官**

② 例 **多様な意見を反映し，慎重な審議を行うため。**

➌ ① ㋑

② **公務員**

③ **規制緩和**

❸ ➊ **検察官**

➋ **控訴**

➌ **刑事裁判**

❹ ➊ **首長**

➋ **住民投票**

➌ ① **30.9%**

② **地方債**

➍ 例 **政治に参加する機会が失われる。**

考え方

❶ ➊ ㋐ すべての国民が直接政治に参加することは，国の規模になると不可能である。そのため，選挙で選ばれた代表者が代わって政治を行う方法である。議会制民主主義ともいう。㋑政権公約でマニフェストともいう。

➋ ① 衆議院議員総選挙では，小選挙区制と比例代表制を組み合わせた選挙が行われている。比例代表制は全国をいくつかのブロックに分け，そのブロック内の小選挙区の候補者は重複して比例代表制の候補者にもなれる。

② 衆議院の選挙区の有権者数は最高と最低ではおよそ２倍の差がある。憲法では法の下の平等を定めていることから，憲法違反となる。選挙区の区割りを変更するなどの対策がとられているが，一票の格差は大きな課題となっている。

➌ マスメディアの情報が必ずしも正しいとは限らないことから，自分から情報を収集し，間違った情報と正しい情報を判断することが重要である。

➍ 政党は，政権を獲得した与党とそれ以外の野党に分かれる。野党には与党を監視し，批判する役割がある。

❷ ➊ ㋐ 参議院には解散はない。㋓国務大臣は指名するのではなく内閣総理大臣が任命する。

② ① 弾劾裁判所は，重大なあやまちのあった裁判官を辞めさせるかどうかを決める裁判である。裁判官の身分は保障されており，心身の故障か，国民審査による不信任か，弾劾裁判以外では辞めさせられない。
② 国会は多様な意見を反映させるために，衆議院と参議院の定数や任期，選挙区，被選挙権などに違いをつけている。また，慎重に審議が行えるが，決定ができなくなるのを防ぐため，衆議院の優越を認めている。

③ ① ㋐与党とは政権を持つ政党であるので，内閣総理大臣は与党の党首がなるのが一般的である。野党が内閣総理大臣になることはない。㋒国政調査権はどのように政治を行っているかを調査する権利であり，政治を行っているのは内閣なので，調査される側である。国政調査権を持っているのは国会である。
② 国の行政機関で働く人を国家公務員，地方公共団体で働く人を地方公務員という。
③ 特定の地域で規制を大幅に緩和して構造改革特別区域などの特区が設けられている。

❸ ① 資料中に被告人がいるので，裁判所に被疑者を起訴した検察官があてはまる。
② 第一審の判決で第二審を求めることは控訴である。第二審のことを控訴審ともいう。
③ 被告人がいることから刑事裁判である。民事裁判では，被告と原告の争いになる。

❹ ① 都道府県知事と市（区）町村長のことを首長という。
② 首長や地方議会議員の解職や地方議会の解散といった選挙で選ばれた人の解職や解散請求は選挙管理委員会に行う。そのほかの主要な職員の解職請求は首長に行う。
③ ① 国から支給される資金は，地方交付税交付金と国庫支出金である。
② 地方債は地方公共団体が資金を借り入れする際に発行する債券である。
④ 選挙権は自分たちの代表を選ぶことで政治に参加する重要な手段である。選挙を棄権することは，政治へ参加する機会を放棄することになる。

第１章 市場経済①

p.28 Step ❶

① 経済（経済活動） ② 分業 ③ 貨幣（お金）
④ 資源 ⑤ 希少性 ⑥ 需要量
⑦ 供給量 ⑧ 独占価格 ⑨ 家計
⑩ 貯蓄 ⑪ 流通 ⑫ 卸売業
⑬ 製造物責任法（PL法） ⑭ 消費者庁

p.29-31 Step ❷

❶ ① ㋐ 経済（経済活動） ㋑ 消費
㋒分業 ㋓ 政府
② サービス ③ 貯蔵 ④ ㋑
❷ ① 選択 ② 資源
③ ㋑ ④ 資源の効率的な配分
❸ ① 市場 ② A 需要 B 供給
③ A ④ 均衡価格 ⑤ ㋐ ⑥ 公共料金
❹ ① 給与所得 ② 可処分所得
③ 交通・通信費 ④ キャッシュレス決済
❺ ① A 卸売業 B 小売業
② 通信販売 ③ ㋓ ④ 広告
❻ ① ㋐ ケネディ ㋑ 消費者基本法
㋒ 消費者庁
② 契約自由の原則 ③ 消費者被害
④ 消費者契約法

[考え方]

❶ ① ㋐ ㋑商品を生産し，消費することで経済は成り立っている。㋒商品の生産には多くの人がかかわっており，それぞれが別々の役割を果たしている。これが分業である。
㋓経済では企業と家計と政府の間を，お金とモノ・サービス，労働が循環している。
② 商品にはモノとサービスがある。サービスは形に残らないが，現代社会ではサービスの占める割合が大きくなっている。
③ 貨幣は財産として蓄えておくことができる。
④ ㋐ 商品を生産するのは企業の働きである。
㋒ 貨幣を発行するのは政府の働きである。
❷ ① 商品を購入するときに，資金や時間には限りがあり，商品の種類や量にも限りがある。そのため，商品を購入するときには，何を買うかを決める選択が常に行われている。

② 人が利用するすべてのものが，経済では資源となる。時間，労働力，お金，水などさまざまものが資源であり，これらをいかに有効に利用するかを考えることが重要である。

③ 希少性は，資源が不足している状態である。㋐資源が大量に余っているので希少性はない。㋒欲しがる人がいないと希少性はない。㋓買う人よりも売る人が多いと資源はあまるので希少性はない。

④ 欲求を常に満足させることは難しい。そのため，可能な限り，高い満足感を得るために，資源を組み合わせることを，資源の効率的な配分という。

❸ ① 商品が売買される場を市場という。さまざまな商品があり，みかんやキャベツなどの青果市場から，株式を売買する株式市場，通貨を売買する為替市場など，現代社会では市場がどこにでも存在する。

②③ A 価格が高くなると数量が少なくなるのは，消費者から見た商品である。消費者は価格が安いと買おうとするが，価格が高くなると買うことを控える。これが需要量。
B 価格が高くなると数量が増えるのは，生産者から見た商品である。生産者は価格が高いと，もっと売ろうと生産量を増やすが，価格が安いと生産を控える。これが供給量。

⑤ 価格が均衡価格よりも高いとき，消費者は買うことを控え，生産者は生産量を増やす。すると，在庫が増え，生産者は在庫が増えるので価格を下げる。逆に価格が均衡価格よりも低いときは，消費者が買う量を増やすが，生産者は利益が上がらないので生産量を減らす。すると，商品が不足して価格が上昇する。このようにして，市場において価格は常に均衡価格に近づく。

⑥ 市場価格のように価格の変動が起きやすいと，国民生活への影響が大きいと考えられる鉄道運賃や水道料金などは，政府や地方公共団体により，価格が規制されている。

❹ ① 働いて得る給与などは給与所得という。所有するアパートの家賃収入や株式の配当など財産から得る収入を財産所得，店や会社を経営して得る収入を事業所得という。

② 所得額の中から税金や社会保険料が支払われる。会社から支払われる給与は先に差し引かれ，一般に給与の手取額が可処分所得となる。財産所得や事業所得の場合，後から支払うのが一般的である。

③ 情報社会の進展とともに家計における通信費の増加が著しい。携帯電話(スマートフォン）やインターネットへの接続など，新しい情報通信のサービスが生まれてきた。

④ 現金のことを英語でキャッシュ(cash)という。キャッシュレスは英語で現金を使わないという意味である。現金を使用せずに買い物ができることは，安全性や利便性，事務手続きの簡素化などの利点が上げられる。

❺ ① 商品が生産者から消費者に届くまでの流れを流通という。流通の中心となるのが商業である。商業には，消費者が商品を購入する小売業と，生産者から商品を買い，小売業に売る卸売業がある。

②③ インターネットやテレビなどの通信手段を利用して，商品を販売し，配送業者が購入者に届ける販売方法である。インターネットの発達とクレジットカードなどキャッシュレス決済の普及，さらに運送業の整備が進んだことで，通信販売が急速に拡大している。

④ 商品の内容がわからなければ，商品を買う人はいない。そのため，消費者に商品の内容を知らせる広告が必要である。しかし，誤った情報が広告される場合もあり，消費者は広告を賢く利用しなければならない。

❻ ① ㋑ 消費者基本法は，消費者の権利の尊重と，消費者の自立支援を基本とした法律である。㋒消費者庁はそれまで各省庁が独自に行ってきた消費者行政を一元化し，消費者が安心して消費生活を営むことができるようにすることを目指して設置された。

③④ 消費者被害では契約に関するものが最も多く，2001年には消費者契約法が制定された。契約時に事業者が不適切な説明した場合などは，１年以内なら契約を取り消せるようになった。

p.32-33 Step 3

❶ ❶ **分業**

❷ ① **200円**　② **800円**　③ **400円**

④ 例 **均衡価格（400円）に近づいていく。**

❸ 例 **価格の変動が国民の生活に与える影響が大きいため。**

❷ ❶ ㋐ **流通**　㋑ **通信販売**

❷ ① **家計**　② ㋓

❸ **POS**

❹ 例 **安全性，利便性，事務手続きの効率化などに優れているから。**

❺ 例 **商品の配達のための人手不足や，配達された商品に不備がある場合があることなど。**

❸ ❶ ㋐ **契約**　㋑ **消費者基本法**

❷ **安全を求める権利**

❸ ① **C**　② ㋐，㋒

❹ 例 **みずから商品に対する知識や情報を集めたうえで，購入する商品を選択すること。**

考え方

❶ ❶ パンは，小麦を栽培する人や小麦粉を作る人，材料を運ぶ人など数え切れない人が異なる役割を果たしている。これが分業である。

❷ ① 需要曲線は消費者が買おうとする量を示す。消費者は価格が安いと買おうとする量が増え，価格が高いと買おうとする量が減るので赤い線のグラフが需要曲線である。

② 供給曲線は生産者が売ろうとする量である。青い線のグラフが供給曲線である。

③ 均衡価格は，需要曲線と供給曲線が交差する価格である。

④ 市場価格は，価格が高いと需要量が減り，価格が下がり，価格が安いと供給量が減り，価格が上がるので，互いに引き寄せ合うことになり，均衡価格に近づく。

❸ 公共料金は，国民生活に影響が大きいので，価格の変動を抑え，国民生活の安定を図っている。

❷ ❶ ㋐ 生産者から卸売業，小売業などを経て，消費者に商品が届くまでの流れを流通という。㋑テレビ，ラジオ，インターネットなどの通信手段を利用した販売形態である。

❷ ① 国民経済における経済単位の一つであり，主に消費を行う。ほかに，主に生産を行う企業と，経済全体の調整を行う政府の三つで経済が循環している。

② 交通・通信費の割合の変化は17.0÷5.5＝3.09…で約3.1倍であるが，割合ではなく金額の変化なので，総額が323853÷82582＝3.92…で約3.9倍であるから，3.1×3.9＝12.09から約12倍になる。

❸ 販売時点情報管理システムの略称である。商品の売れた数量のほか，時間や客の性別・年齢などの情報をレジのバーコードなどからのデータで集計し，管理するしくみである。

❹ キャッシュレス決済は，現金ではなく，クレジットカードやスマートフォンを用いた決済方法である。現金を持ち歩く必要がなく，支払いの際のおつりの受け渡しがないこと，また，店側にとっては現金を集計する手間が省けるなど，利便性が高い。

❺ 通信販売は，商品を店から消費者に届ける必要があり，近年，宅配サービスが充実してきた反面，人手不足が深刻になっている。また，届いた商品が見ていたものと異なるという場合もあるなどの課題もある。

❸ ❶ 契約は商品の売買による売買契約のほか，電車に乗れば運送契約，レンタルショップで本を借りれば賃貸借契約，アルバイトをすれば労働契約を結んだことになる。

❷ ケネディ大統領の消費者の四つの権利は「安全を求める権利」，「知らされる権利」，「選ぶ権利」，「意見を聞いてもらう権利」である。消費者基本法では，消費者の権利として，「安全の確保」，「選択の機会の確保」，「必要な情報の提供」，「教育の機会の提供」，「消費者の意見の反映」，「消費者被害の救済」を定めている。

❸ ㋐はクーリング・オフ制度のこと。㋒のようなきまりはない。

❹ 消費者保護の制度を国が整えても，消費者自身が責任を持つことが重要である。そのためには，自分で知識や情報を集め，判断を的確に行える，自立した消費者を目指す必要がある。

▶ 本文 p.34-37

第１章 市場経済②

p.34 **Step ❶**

① 企業　② 資本　③ 利潤（利益）
④ 中小企業　⑤ 株式会社　⑥ 配当
⑦ 直接金融　⑧ カルテル
⑨ 公正取引委員会　⑩ 労働基準法
⑪ 男女雇用機会均等法　⑫ 成果主義
⑬ ワーク・ライフ・バランス
⑭ 企業の社会的責任

p.35-37 **Step ❷**

❶ ① ㋐ 資本　㋑ 利潤（利益）
② 交換
③ 技術革新（イノベーション）
④ 起業

❷ ① 私企業
② ㋑
③ 株主
④ ㋑
⑤ 株主総会

❸ ① A 間接　B 直接
② 債券
③ 利子（利息）
④ クラウドファンディング

❹ ① 家庭用ゲーム機
② ㋒　③ カルテル
④ 独占禁止法
⑤ 公正取引委員会

❺ ① ㋐ 労働組合法　㋑ 外国人
② 使用者
③ ① 40時間　② ８時間　③ 15歳未満

❻ ① 非正規雇用
② a 終身雇用　b 年功序列
③ 育児・介護休業法
④ 社会的責任

考え方

❶ ① ㋐ 企業が生産を行うためには，工場などを建てる土地，働く人（労働力），そして，工場や原料，資金などの資本が必要である。㋑企業が生産を行う目的は利潤を得ることである。

② 生産は分業によって行われ，生産されたモノやサービスはさまざまな形で交換され，経済が成り立つ。

③ 企業は，他の企業よりもよいものを生産する競争をしている。そのためには，技術革新が必要になる。

④ 新しい社会の要望に応えていこうと起業し，それを実現することが経済の成長へとつながる。

❷ ① 民間が経営する企業が私企業，政府や地方公共団体が経営する企業が公企業で，資本主義経済の中心となるのは私企業である。

② ㋐ 市営バスは，市（地方公共団体）が経営しているので公企業。㋒国立印刷局は国が経営する公企業。㋓上下水道は地方公共団体が経営し，一般に○○市水道局などといわれる公企業。㋑農家は個人であっても会社であっても私企業に含まれる。

③ ⑤ 株式会社の株式を購入した人は株主となり，株主総会で購入した株式の数に応じた議決権を持つ。

④ 株式会社は有限責任であり，株主は株式を購入した金額以上の責任を負うことはない。

❸ ① A 企業と家計の間に金融機関を介して資金を融通しているので，間接金融である。B 証券会社がなかだちをするが，企業と家計の間で資金が直接融通されるので，直接金融である。

② お金を借りたことの証明書を債券という。国が発行するものを国債，地方公共団体が発行するものを地方債という。

③ お金を借りた場合，返済の際には，利子（利息）を上乗せする。銀行では，預金として預かるお金に対する利子よりも，貸し出しに対する利子を高くすることで，その差額を利益としている。

④ 少額の資金を多くの人から集める方法として注目されている。クラウドファンディングにはいくつか種類があり，寄付的なもの，投資的なもの，購入的なものに分かれる。

❹ ① 生産の集中の比較は，１社にどれだけ集中しているのかを比べる。図からは，家庭用ゲーム機は１社が７割近くを占めている。

❷ 一般に，生産の集中が進むと企業間の競争が起こりにくい。そのため，商品の開発競争が行われなくなり，新しい企業が参入するのも難しくなる。

❸ 寡占状態の市場では，企業どうしが話し合いをして，価格を高く保つことが可能である。このような行為をカルテルという。この行為は法律で禁止されている。

❹❺ 独占禁止法は，公正かつ自由な競争を促進することを目的に制定された。独占禁止法を運用するために設置された公正取引委員会は，国の行政委員会に含まれるが，他の機関から指揮監督を受けることなく，独立した機関となっている。

5 ❶ ㋐ 労働組合法は，団結権，団体交渉権，団体行動権について定めた法律である。㋑今日では外国人労働者を積極的に雇用する企業も増加している。

❷ 労働三法の内容は整理しておこう。労働基準法は労働条件の最低基準を定めたもの。労働組合法は労働三権を定めたもの。労働関係調整法は労働者と使用者の対立を予防・解決するためのものである。

❸ 労働時間の最低条件は，１日８時間以内，１週間に40時間以内，毎週少なくとも１日の休日を取ることである。また，15歳未満の児童を働かせることは禁止されている。

6 ❶ 非正規雇用とは，アルバイトやパートタイマー，派遣労働者などのことである。

❷ 終身雇用や年功序列型の賃金制度が見直されるようになった背景には，企業間の競争の厳しさのほかに，少子高齢社会において，制度を維持することが難しくなってきていることがある。

❸ 日本は欧米の国に比べ，男性の家事・育児関連時間が少ない。性別を問わずに育児・介護休暇をとることで，男性の家事・育児関連時間が増えることが期待されている。

❹ 近年，企業は生産活動を行うだけでなく，社員の健康管理や投資家への責任，環境保全の義務などさまざまなものが求められており，企業の社会的責任ととらえられている。

p.38-39 Step 3

1 ❶ **株式会社**

❷ **株式**

❸ **直接金融**

❹ [例] **少額の株式を，多くの人に少しずつ購入してもらうことで多額の資金が集められるから。**

❺ **配当**　❻ **㋓**　❼ **A**

❽ **ベンチャー企業**

2 ❶ ㋐ **競争**　㋑ **公正取引委員会**

❷ **㋑**

❸ [例] **企業どうしが話し合いをして価格を設定すること。**

3 ❶ ㋐ **成果主義**　㋑ **非正規雇用**

❷ ① **フリーランス**

② [例] **労働条件の最低基準が定められている。**

❸ [例] **少子高齢化が進んだことで高齢の労働者の割合が増加し，年齢の低い労働者が減少したことで，負担が大きくなるから。**

❹ ① **ワーク・ライフ・バランス**

② **㋒**

❺ [例] **人権や環境への十分な配慮が必要である。**

考え方

1 ❶ 資料Ⅰは，株式を発行して資金を集める株式会社のしくみである。

❷ 株式は，多くの人が購入しやすいように少額になるのが一般的である。株式を購入した個人や企業は株主になる。

❸ 株式を直接個人や企業に買ってもらうことで資金を融通しているので，直接金融といえる。

❹ たくさんの人からお金を集めることができれば，１人が少額でも多額のお金を集めることができる。株式会社はたくさんの人からお金を集めるしくみになっている。

❺ 株主には利益の一部を配当として受け取る権利がある。配当は利益の一部であるので，会社に利益が上がらない場合などは受け取れないこともある。

❻ 株主総会は会社の基本方針を決定し，役員の選出などを行う。

⑦ 日本は企業数（会社数）でみると，ほとんどが中小企業である。

⑧ 起業して，企業として新しいことに取り組むことをベンチャーという。

❷ ① ㋐ 市場において，企業どうしが競争することで技術が発達し，新しい商品が生まれる。㋑ 政府の行政委員会の１つで，他から干渉を受けない独立した機関となっている。

② ㋐ 一般に独占や寡占が進むと新しい技術よりもデザインなどを変更しただけの新製品となりやすい。㋒ 商品の価格は低下せずに上昇する傾向がある。㋓ 利用者の少ない製品は独占や寡占でない状態でも開発はされなくなる。

③ カルテルは，企業どうしが価格や生産量，販売地域などを話し合いで決め，互いの利益を確保しようとするものである。

❸ ① ㋐ 仕事の成果に応じて賃金が決まることから，公正であるといえるが，成果をどのような基準で判断するかが難しい場合もある。

② ① 仕事ごとに契約を交わすため，企業側は仕事がないときは人件費が不要になり，フリーランス側はさまざまな企業から仕事を受けることが可能になる。
② 労働基準法には労働条件の最低基準が定められている。

③ 日本では少子高齢化が進んでいる。労働者に占める若年層が減少すると，終身雇用や年功序列型の賃金制度を維持すると，企業の負担が大きくなる。

④ ① 仕事と生活を両立し，仕事上の責任を果たし，健康で豊かな生活をすることである。
② ㋒テレワークは，情報通信技術を使った勤労形態で，働く場所や時間の制約があまりなく，仕事をすることである。在宅ワークなどこれからの仕事のあり方として，導入するところも増えてきている。

⑤ ESG投資は，環境（Environment）・社会（Social）・企業統治（Governance）に取り組んでいる企業に対して積極的な投資をするという考え方である。ESGの観点で評価が高い企業は，「持続可能な社会」づくりに貢献しているとも考えられている。

第１章 市場経済③
第２章 財政

p.40 Step ❶

① 景気変動 ② インフレーション（インフレ）
③ 発券銀行 ④ 為替レート
⑤ 円高 ⑥ TPP ⑦ 財政
⑧ 歳入 ⑨ 累進課税
⑩ 循環型社会 ⑪ 社会保障
⑫ 国債

p.41-43 Step ❷

❶ ① 国内総生産（GDP） ② 好況
③ インフレーション（インフレ）
④ 金融政策
⑤ ㋐

❷ ① 多国籍企業
② 円高 ③ 人工知能（AI）

❸ ① ㋐ 社会資本 ㋑ 税金
② 所得の再分配
③ ㋐ 公共事業 ㋑ 財政政策

❹ ① 22.7%
② ① 消費税 ② 法人税 ③ 所得税
③ ㋑

❺ ① ① イタイイタイ病 ② 水俣病
② リサイクル法
③ 生存権
④ 社会保険 ㋑ 公衆衛生 ㋓
社会福祉 ㋒ 公的扶助 ㋐

❻ ① 財政赤字
② ㋒
③ 大きな
④ ㋒

[考え方]

❶ ① 国内総生産（GDP）は，通常１年間で国内で生産されたモノやサービスの金額から，その原材料などの金額を差し引いた付加価値の合計である。経済成長率は国内総生産が前年と比べて増えた（減った）分の割合である。

② 景気変動は好況（好景気）と不況（不景気）が繰り返すことである。

③ 物価とは多くの商品の価格を平均したものである。好況のときは消費が増えるので，インフレーションが起こりやすい。

④ 日本銀行が行う景気を安定させるための政策は金融政策という。

⑤ ㋑ 国債を売ると世の中に出ているお金が少なくなるので，好況のときに行う政策。㋒ 国債を売ることで，政府にお金を蓄えさせることはない。

❷ ① 日本にも海外から多くの企業が活動拠点を作り，営業している。

② 円高・円安は円の価値が，上がったか下がったかを示すものである。１ドル＝100円が１ドル＝80円になると，100円＝１ドルから100円＝1.25ドルになったことである。100円の価値が上がっていることがわかる。

③ 労働力人口が伸び悩む日本では，AIを利用した人手不足解消が経済を支えるのではないかと期待されている。

❸ ① ㋐ 信号機や公園，文化施設などの公共施設のことを社会資本という。

② 公共施設は誰もが利用する。所得の多い人が税金を多く納め，それを使って建設された公共施設を，所得の低い人が使用することは，格差を是正する効果がある。

③ 社会資本を建設する事業を公共事業という。公共事業を増やすことで建設に関わる人が増え，雇用が増えるので，景気を押し上げる効果がある。

❹ ① 国の借金の返済の費目にあたるのは国債費である。

② ① 商品を購入したときにかかるのは消費税である。② 会社の所得にかかる税は法人税である。③ 個人の所得にかかる税は所得税である。

③ ㋐ 所得税には累進課税が採用されているので，税率は一定ではない。㋑消費税は税率が一定のため，所得の低い人のほうが負担が重くなる逆進性が考えられる。㋒法人税は直接税で，納税者と担税者は同じである。

❺ ① 四大公害訴訟のあった公害病である。ほかに，新潟県の阿賀野川流域の新潟水俣病，三重県四日市市の四日市ぜんそくがある。

② 循環型社会形成推進基本法が制定され，リサイクルのため個別の製品ごとに法律が制定された。

③ 日本国憲法第25条の「健康で文化的な最低限度の生活」を営む権利である。

④ 社会保険には，医療，年金，雇用，労災，介護保険などがある。公衆衛生には，感染症予防，予防接種，廃棄物処理などがある。社会福祉には，児童，母子，障がい者，高齢者福祉などがある。公的扶助には，生活保護などがある。

❻ ① 国債依存度が高いということは，税収が歳出をまかなえてないので，赤字である。

② 社会保障制度の中心となる社会保険は国民の保険料と税金でまかなわれている。少子高齢化が進むことで，高齢者への年金の支給額や医療費が増える反面，労働者が減り，保険料が減少し，財政負担が増加している。

③ 社会保障を充実させるには，多額の費用が必要である。高福祉高負担による大きな政府を目指すか，低福祉低負担の小さな政府を目指すか大きな課題である。

④ ㋐ の減税は歳入を減らし，㋑の公共事業の増加は歳出を増やし，㋓の年金給付額の増額は歳出を増やす。

p.44-45 Step ❸

❶ ① **発券銀行** ② **㋑**

③ 例 **物価が下がり続ける現象。**

④ **為替レート** ⑤ E **80** F **125**

⑥ 例 **海外で買い物できる金額が多くなるので，円高のほうが有利である。**

❷ ① ① **㋑，㋓**

② 例 **所得の格差を小さくする効果がある。**

② **㋑**

③ 例 **私たちが生活をしたり，企業が生産するために不可欠な道路や橋，上下水道など。**

❸ ① **㋑** ② **国民皆保険** ③ **少子高齢**

④ **マイナンバー（社会保障・税番号）**

⑤ **アメリカ**

⑥ 例 **スウェーデンは社会保障負担率が低く，租税負担率が高い。**

⑦ 例 **国債を発行している。**

▶ 本文 p.46-49

考え方

❶ ① 日本銀行は日本の中央銀行で，政府の銀行，銀行の銀行，発券銀行の役割を持っている。

② 資料Ⅰは，日本銀行が金融政策として行う公開市場操作である。好況のときは国債を売り，一般の金融機関から資金を引き上げ，金融機関の貸出金利を上げる。不況のときはその逆を行う。

④ 異なる通貨の交換比率を為替レートという。一般にドルとの交換比率で示される。

⑤ 1ドル＝100円のとき，1万円は100ドルである。1万円が125ドルになるということは，10000÷125＝80で1ドル＝80円になる。1万円が80ドルになるということは，10000÷80＝125で1ドル＝125円になる。

⑥ 1万円が80ドルになるよりも125ドルになるほうが多くの買い物ができ，有利である。

❷ ① ① 消費税は間接税であり，国税である。

② 累進課税は，所得が多くなると税率が高くなるので，税金を納める前と後では，高所得者と低所得者の所得の差が縮まる。

② 財政による景気対策は，減税と増税，公共事業の増減で行われる。好景気のときは，増税と公共事業の削減，不景気のときは，減税と公共事業の拡大が行われる。

③ 社会資本は，民間企業では整備が難しい公共施設である。道路や橋，港湾，公園，上下水道などさまざまな施設がある。近年は，こうした社会資本の老朽化が問題となっており，上下水道の補修などは地方公共団体の大きな負担となっている。

❸ ① ㋐「自助」は，貯蓄や民間の生命保険に加入するなどして自分で備えること。㋒「公助」は生活保護など政府が生活を保障すること。

② 日本では，国民全員が社会保険に加入することになっている。社会全体で助け合おうという「共助」の考え方である。

③ 少子高齢化によって高齢者の割合が増加すると，年金の支給が増え，病気などで医療を受ける機会も増えるため医療費も増加する。反面，年金や医療保険の保険料を納める労働力人口は減少してきている。

④ 国民一人一人が番号を持つことで，所得を正確に把握することや行政手続きの効率化を目指している。

⑤ 小さな政府とは低福祉低負担の国である。資料Ⅱからは，給付率が低く，負担率も低いアメリカが小さな政府といえる。

⑥ スウェーデンは社会保障負担率が低いことがわかる。これは，保険料が少ない代わりに税金が高いことを意味する。

⑦ 日本は財政赤字を補うために毎年国債を発行している。そのため，国債残高は900兆円を超えている（2020年度）。

第1章 国際社会①

p.46 Step ❶

① 主権 ② 領土不可侵の原則
③ 国際法 ④ 北方領土 ⑤ 竹島
⑥ 平和維持活動（PKO） ⑦ 拒否権
⑧ 難民 ⑨ テロリズム（テロ）
⑩ 核抑止 ⑪ 核拡散防止条約（NPT）
⑫ 南北問題 ⑬ 東南アジア諸国連合（ASEAN）
⑭ アジア太平洋経済協力（APEC）

p.47-49 Step ❷

❶ ① 内政不干渉の原則
② 領海，領空
③ ㋒ ④ 条約
⑤ 国旗 日章旗（日の丸） 国歌 君が代

❷ ① ① 北方領土 ② ロシア
② 国際司法裁判所 ③ 中国

❸ ① A 安全保障理事会 B 総会
② フランス，ロシア，中国 ③ 拒否権
④ 集団安全保障
⑤ 国連児童基金（UNICEF）

❹ ① ㋐ 冷戦 ㋑ アメリカ
② 政府開発援助（ODA）
③ 国連難民高等弁務官事務所（UNHCR）

❺ ① ㋐ 核抑止 ㋑ 包括的核実験禁止
② 国際原子力機関（IAEA） ③ ㋐

❻ ① 日米安全保障
② 非核三原則 ③ 自衛隊
④ 新興国 ⑤ ㋓

▶ 本文 p.46-49

考え方

❶ ① 世界の独立国には主権があり，主権にはほかの国との関係において対等であり，他国からの支配や干渉を受けない内政不干渉の原則がある。

② 領域は主権のおよぶ範囲であり，領土，領海，領空がある。領海は沿岸から原則12海里以内，領空は領土と領海の上空の大気圏内である。

③ 排他的経済水域は，領海の外側で沿岸から200海里以内の水域である。排他的経済水域の資源開発や海洋調査を行う権利は沿岸国が持つ。

④ 国際社会において国家が互いに守るべきルールを国際法という。国際法には国と国や国と組織によって結ばれる条約や長年の慣行が法となった国際慣習法がある。排他的経済水域の外側の公海には，どこの国の船も自由に航行ができ，水産資源をとることもできる公海自由の原則があるが，これは国際慣習法の一つである。

⑤ 日本の国旗と国歌は昔から日章旗(日の丸)と君が代であったが，法的に定められたのは1999年の国旗・国歌法によってである。

❷ ① 北方領土は，歯舞群島，色丹島，国後島，択捉島からなり，1945年に日ソ中立条約を破り侵攻してきたソ連に占領されてから，現在のロシアまで不法な占拠が続いている。

② 竹島は1954年から韓国が海洋警察隊を駐留させ，今日まで不法に占拠している。日本は韓国側に抗議し，国際司法裁判所に判断を委ねようとしたこともあったが，韓国が拒否したため実現していない。

③ 尖閣諸島は日本の固有の領土であるが，近年中国が尖閣諸島周辺に船を派遣し，日本の領海に侵入している。日本は抗議をし，監視を強めている。

❸ ① A 常任理事国５か国と非常任理事国10か国からなる国連の機関は安全保障理事会。B 国連の全加盟国で構成される総会。

② 安全保障理事会の常任理事国は，第二次世界大戦の戦勝国で，アメリカ，ロシア，イギリス，フランス，中国の５か国である。

③ 拒否権を持つ国が１か国でも反対すると決議ができないことから，安全保障理事会の機能が制限される恐れもある。

④ 国連は国際社会の平和と安全を維持するため，攻撃を加えた国に対して，経済制裁や武力行使も可能となっている。

⑤ 国連児童基金（UNICEF）は，児童（子ども）の権利に関する条約に基づいて世界中で活動している。

❹ ① ㋐ 第二次世界大戦後のアメリカを中心とする資本主義陣営とソ連を中心とする社会主義陣営の対立から起こった，戦火を交えない争いを冷戦という。

② 政府開発援助は，先進工業国が発展途上国に行う経済発展などのための援助である。

③ 国連難民高等弁務官事務所は国連に設けられた機関で，現在は総会の補助機関である。

❺ ① ㋐ 核兵器を持つことで，攻撃をしたら，核兵器で反撃されると相手国が思うことで，攻撃されないという考え方が核抑止である。また，同盟国が攻撃を受けたら核兵器で反撃する取り決めをした場合，同盟国の「核の傘に入る」という。㋑包括的核実験禁止条約（CTBT）は，地上，地下，水中，宇宙空間などあらゆる空間での核実験による爆発，その他の核爆発を禁じた条約である。

② 国際原子力機関は，原子力の平和的利用を促進し，軍事的利用に転用されることを防ぐことを目的に設立された機関である。

③ ㋑ 対人地雷の破壊力は大きくない。㋒安価で製造できるため，大量に作られた。

❻ ① 日米安全保障条約は，1951年にサンフランシスコ平和条約と同時に結ばれた条約で，1960年に新たに締結された。日本にアメリカ軍の駐留を認め，日本が攻撃された際には日本とアメリカが共同で対処することが定められている。

② 日本は核を持たない立場から，核廃絶の重要性を訴えている。

③ 1992年に国連の平和維持活動に協力するために国際平和協力法（PKO協力法）が制定され，自衛隊がPKO活動に参加するようになった。

❹ 発展途上国の中で，中南米や東南アジア，中東，東欧などに経済発展を遂げている国が見られる。

❺ EUは経済統合をはじめ，さまざまな統合を進めてきたが，難民の受け入れや加盟国間の経済格差など課題をかかえている。イギリスでは国民投票の結果，離脱派が過半数をこえ，2020年にEUを離脱した。

第1章 国際社会②
第2章 課題の探究

p.50　**Step ❶**

❶ 貧困　❷ 食品ロス　❸ 政府開発援助（ODA）
❹ フェアトレード　❺ 地球環境問題
❻ 温室効果ガス　❼ パリ協定　❽ 化石燃料
❾ 3R　❿ 原子力発電　⓫ 再生可能エネルギー
⓬ 持続可能な開発目標（SDGs）
⓭ 人間の安全保障　⓮ 持続可能な社会

p.51-53　**Step ❷**

❶ ❶ ㋕　❷ アフリカ大陸　❸ ㋐　❹ 食品ロス
　❺ ① ミレニアム開発目標（MDGs）
　　② 政府開発援助（ODA）　③ ㋐
❷ ❶ ㋐ 京都議定書　㋑ パリ協定
　❷ ① ㋕　② ㋑　③ ㋐
　❸ A 中国　B アメリカ
❸ ❶ 火力　❷ 再生可能エネルギー　❸ ㋒
❹ ❶ ㋐ 安全保障　㋑ 非政府組織（NGO）
　❷ ㋑
　❸ ① SDGs
　　② A ㋒　B ㋤　C ㋑　D ㋐
　❹ ㋒

┌ 考え方 ┐

❶ ❶ 栄養不足人口は主に発展途上国に多く，世界に約8億人いる。
　❸ 世界で約10人に1人が1日を1.9ドル未満で暮らす貧困状態にある。1.9ドルはおよそ200円である。
　❹ 世界では世界人口に十分な量の食料が生産されている。世界の食料をより効率的に利用する必要がある。

❺ ① ミレニアム開発目標（MDGs）は，2015年までに達成することが目標であった。現在は，持続可能な開発目標（SDGs）に引き継がれている。③㋑のフェアトレードは発展途上国の農産物や製品を公正な価格で取り引きしようというもの。㋒のポピュリズムは，大衆の支持を得て，それ以外の意見を排除するような考え方である。㋓のワーク・ライフ・バランスは，仕事と生活を両立させることである。

❷ ❶ 京都議定書は，1997年の地球温暖化防止京都会議（第3回気候変動枠組条約締約国会議）で採択された。パリ協定は2015年の第21回気候変動枠組条約締約国会議で採択された。パリ協定は京都議定書以来18年ぶりの気候変動に関する国際的枠組みである。

❷ オゾン層の破壊は，生活の中で使われてきたフロンなどにより，人体に有害な紫外線を吸収する役割のある，地球をおおっているオゾン層が破壊される問題である。

❸ 二酸化炭素排出量は中国とアメリカで世界全体の4割以上を占めている。しかし，人口1人あたりの排出量では，中国は日本よりも少ない。

❸ ❶ 日本の発電に占める火力発電の割合は2010年には全体のおよそ3分の2であった。2011年の東日本大震災による原子力発電所の事故により，原子力発電の比率が低下し，火力発電の割合が上昇した。

❷ 地熱，太陽光，風力などをエネルギーとする発電である。再生可能エネルギーであり，開発を進めているが，日本全体の発電に占める割合は小さい。

❸ 再生可能エネルギーの発電能力は大きくできるが，設置場所や自然環境，コスト高が大きな課題となっている。

❹ ❶ ㋐ 安全保障とは国家を守るための軍事力を整備する意味で使われていた。それを，人間の生活を守るという発想に置き換えたものである。㋑非政府組織は人道的な活動などで政府系の援助とは異なる活動をすることが多い。

❷ 将来の世代が必要とするものをなくすことなく，現代の世代の幸福を求めることができる社会が持続可能な社会である。そのためには，継続でき，発展するものを実行する必要がある。

❸ 持続可能な開発目標は，地球上の「誰一人取り残さない」ことを誓って採択された，2030年までの国際目標である。17のゴール（目標）と169のターゲット（具体目標）から構成されている。

p.54-55　Step ❸

❶ ❶ 例 沿岸国に水域内の漁業資源や鉱産資源の権利が認められている水域。

❷ 主権　❸ 択捉島　❹ 日米安全保障条約

❷ ❶ ㋐ 平和　㋑ テロリズム（テロ）

❷ 日本，ドイツ

❸ 例 分担金の大きな国に拒否権がなく，意見が通りにくいのは公正とはいえない。

❹ アフリカ　❺ 南北問題

❻ 例 発展途上国の中で，経済格差が拡大して起こるさまざまな問題。

❼ 難民

❽ 国連難民高等弁務官事務所（UNHCR）

❸ ❶ 例 発展途上国の農産物や製品を公正な価格で取り引きすること。

❷ 例 発展途上国に削減義務がなかったこと。

❸ リデュース，リユース，リサイクル

❹ ㋑，㋓，㋔　❺ 人間の安全保障

❻ 持続可能な社会

考え方

❶ ❶ 排他的経済水域は，領海の外側で沿岸から200海里以内の水域である。日本は島国で離島も多いため，国土よりも広い排他的経済水域を持つ。

❷ 領域とは国家の主権がおよぶ範囲である。主権はどの国も平等であり，内政不干渉の原則がある。

❸ 北方領土は，択捉島，国後島，色丹島，歯舞群島からなる。

❹ 日米安全保障条約は，日本にアメリカ軍の駐留を認めている。日本にはアメリカ軍の基地があるが，その70%以上が沖縄県にある。

❷ ❶ ㋐ 国際連合は世界の平和と安全を維持する目的で発足した。

❷ 国連分担金は国の経済力に応じて決まる。そのため，常任理事国の経済力が下がれば，分担金の割合も減少する。

❸ 分担金の割合が多い日本やドイツが常任理事国でないことは，分担率から考えると公正でないという議論がある。

❹ 国連加盟国数は1945年と比べると，アフリカが50か国増加しており最も増えている。次がアジア，ヨーロッパ，南北アメリカの順である。

❺ 先進国と発展途上国の経済格差は，貧困や飢餓の問題と関わりが大きく，解消しなければならない問題である。

❻ 発展途上国の中でも，工業化に成功して経済発展した国や資源が豊富にある国と，そうでない国との間で経済格差が広がり，南南問題といわれている。

❼ 世界で難民などの保護を必要とする人は，紛争が起こるたびに増加する。2011年に起こったシリアの紛争では，1300万人以上の人が国の内外に避難した。

❸ ❶ 発展途上国の農産物や製品を適正な価格で取り引きすることで，発展途上国の人々に適正な賃金を支払うことができる。貧困から自立するためには，こうした取り組みが必要である。

❷ 中国やインドは発展途上国として，京都議定書では二酸化炭素排出量の削減対象とならなかった。

❸ リデュースはむだな消費を減らすこと。リユースはものを繰り返し再利用すること。リサイクルは資源として再利用すること。

❹ 火力は化石燃料をエネルギーとするので，再生可能ではない。原子力はウランをエネルギーとするので再生可能エネルギーではない。

❺ 「誰一人取り残さない」というのは，一人一人の生活を守る「人間の安全保障」に通じる考え方である。

❻ 持続可能な開発目標の達成は「持続可能な社会」の実現につながるものである。

ズバリよくでる →直前

チェック BOOK

- テストに**ズバリよくでる!**
- **重要事項**を掲載!

社会
帝国書院版
公民

赤シートで何度でも!

教 p.3〜8

📖 図解で チェック

▰ 情報化

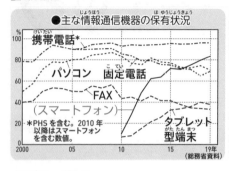

●主な情報通信機器の保有状況

携帯電話*
パソコン　固定電話
FAX
(スマートフォン)
タブレット型端末
＊PHSを含む。2010年以降はスマートフォンを含む数値。
（総務省資料）

● (情報)社会…情報が大きな役割を持つようになった社会。

● (人工知能(AI))…まるで人が考えているように，情報から瞬時に結論を出す機能。

● (情報リテラシー)…情報を選択し，正しく使うことができる能力。

▰ グローバル化

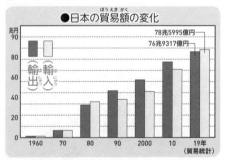

●日本の貿易額の変化

兆円
78兆5995億円
76兆9317億円
輸出
輸入
（貿易統計）

● 国際(分業)…さまざまな国で生産した部品を一か所に集めて組み立てる生産方法。

● 国際(競争)…グローバル化が進み，ライバル企業が世界中に存在する。

● 国際(協調)…国境を越えて各国が手を取り合って取り組む。

▰ 少子高齢化

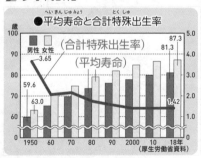

●平均寿命と合計特殊出生率

歳
男性　女性
(合計特殊出生率)
(平均寿命)
3.65
59.6
63.0
87.3
81.3
1.42
（厚生労働省資料）

●家族の類型別一般世帯数の変化

万世帯
(核家族)世帯
2223
4067
5333
その他9.7
単独世帯34.5%
父(母)のみと子ども8.9
夫婦と子ども26.8
夫婦のみ20.1
（国立社会保障・人口問題研究所資料）

現代社会と文化② 第2節 私たちの生活と文化
現代社会をとらえる枠組み

教 p.9〜22

図解でチェック

私たちの生活と文化

↑ハラル製品(Rodrigo Reyes Marin/アフロ)

(イスラム)教で許された商品や活動に適合したと認証された製品。

●日本の主な(年中行事)

- 正月(初詣)・年賀
- 除夜
- 節分
- ひな祭り
- 春の彼岸
- (七五三)
- 灌仏会
- 端午の節句
- 田植え祭り
- 更衣
- 秋の彼岸
- 菊の節句
- [盂蘭盆]
- (七夕)
- 盂蘭盆・中元

12月 除夜 / 冬至 / 立冬 11月 / 10月 / 秋分 / 立秋 9月 / 8月 / 7月 / 6月 立夏 夏至 / 5月 立夏 / 4月 立夏 春分 / 3月 / 2月 立春 / 1月 立春

現代社会をとらえる枠組み

●対立からより良い合意

対立
▼
効率　話し合いなど　公正
▼
合意

●合意を検討する観点の例

- (効率)…効果があり，むだがないか。
- 公正
  - (手続き)の公正さ…みんなが決定に参加したか。
  - (機会)の公正さ…ほかの人の権利や利益を侵害していないか。
  - (結果)の公正さ…立場が違っても，決定を受け入れられるか。

●決定を行う方法の例

	長所	短所
全員が(一致)するまで話し合う	全員が納得する	決定までに時間がかかることがある
(多数決)で決める	意見が反映される人が多い	少数意見が反映されない
代表者が決める	短時間で決まる	代表者の意見しか反映されない
第三者が決める	早く決まる	(当事者)が納得しないことがある

[教] p.29〜40

図解でチェック

民主主義

●多数決の問題点

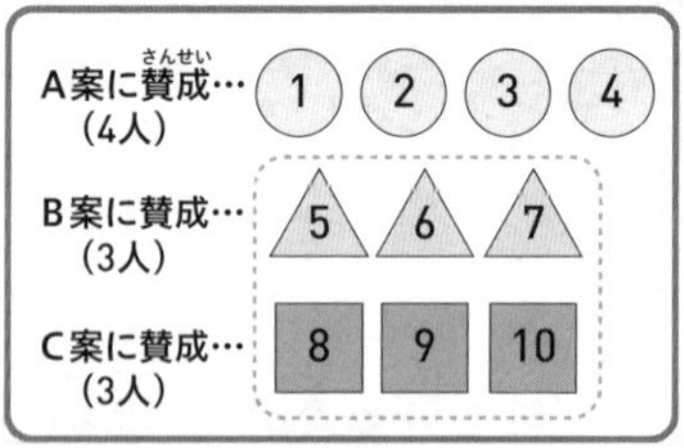
A案に賛成…(4人)
1 2 3 4
B案に賛成…(3人)
5 6 7
C案に賛成…(3人)
8 9 10

●民主主義では，より多くの意見を反映できる多数決が採用される。しかし，左の図のように，最も多い(4)人が賛成したA案に決定すると，A案に賛成しなかった人が(6)人となり，賛成しなかった人のほうが多くなることもある。

人権獲得の歩み

年	宣言や憲法	国など
1689	(権利章典)	イギリス
1776	(アメリカ独立宣言)	アメリカ
1789	(フランス人権宣言)	フランス
1919	(ワイマール憲法)	ドイツ
1948	(世界人権宣言)	国際連合

人の支配と法の支配

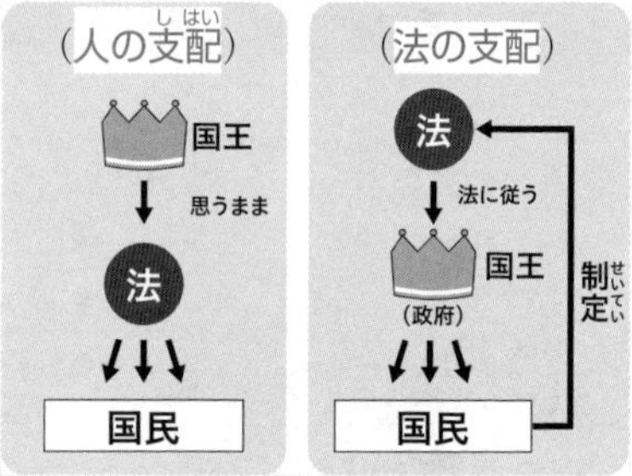
(人の支配)
国王
思うまま
法
国民
(法の支配)
法
法に従う
国王
(政府)
制定
国民

大日本帝国憲法と日本国憲法

大日本帝国憲法		日本国憲法
(1889)年2月11日	発布・公布	(1946)年11月3日
(1890)年11月29日	施行	(1947)年5月3日
欽定憲法(天皇が定める)	性格	民定憲法(国民が定める)
(天皇)/元首	主権者/天皇の地位	国民/(象徴)
(法律)の範囲内で認められる	国民の権利	基本的人権の尊重
兵役(男子)，納税，(教育)	国民の(義務)	普通教育を受けさせる，勤労，納税

教 p.41〜56

図解でチェック

基本的人権の構成

自由権 社会権 参政権など

平等権
(個人の尊重)

自由権

(精神)活動 の自由	思想・良心の自由，信教の自由，表現の自由など
(経済)活動 の自由	職業選択の自由，財産権の保障など
(生命・身体) の自由	法定手続きの保障，逮捕・拘禁などに対する保障，自白の強要の禁止など

平等権－現代社会に残る差別

1922	(全国水平社)が設立	←被差別部落出身者が設立した組織
1945	第二次世界大戦が終結	
1965	(同和)対策審議会が答申を提出	←部落差別は同和問題ともよばれる
1999	(男女共同参画)社会基本法が施行	←女性の社会進出を推進する
2016	(部落差別)解消推進法が施行	←国や地方公共団体の義務とされた
2019	(アイヌ)施策推進法が施行	←アイヌの人々を「先住民族」と明記

社会権

(生存)権	健康で文化的な最低限度の生活を営む権利
(教育)を受ける権利	
(勤労)の権利…働いて賃金を得る権利	
(労働基本)権 (労働三権)	(団結)権…労働組合を作る権利，団体交渉権…団体で交渉する権利，団体行動権…団体でストライキを行う権利

これからの人権

● (プライバシー)の権利…個人情報を他人に知られない権利

● (知る)権利…政府が持つ情報を国民が知る権利

● (自己決定)権…治療法などを患者自身が選ぶ権利

● (環境)権…良好な環境を求める権利。日当たりの良さを求める日照権もその1つ

教 p.59〜62

図解で チェック

■ 権力の分立

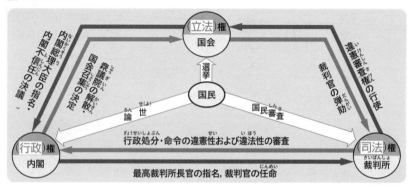

■ 法の構造

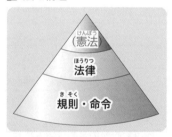

- 法は種類によって効力が異なる。最上位の法は（憲法）であり，（最高法規）である。下位の法が上位の法に反すると無効になる。
- 下位の法が最上位の法に違反してないかを判断する制度を（違憲審査）といい，司法が行う。その最終的な決定をする最高裁判所は（憲法の番人）とよばれる。

■ 日本国憲法が改正されるまで

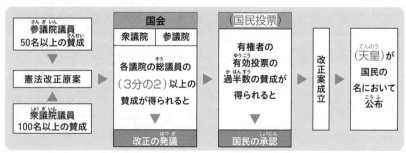

教 p.67～76

図解でチェック

政治の制度の違い

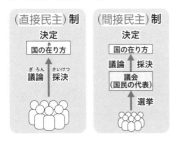

- 間接民主制は，(議会制)民主主義ともいう

世論とマスメディア

(世論)	政治に関する人々の意見
(公約)	政治家が有権者に行う約束→政権をとったときに実現することを約束するのは(政権公約)。
(マスメディア)	政治と世論をつなぐ役割→情報を冷静に判断する力(メディアリテラシー)が必要。

政党の役割

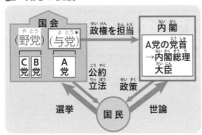

- 現代は，国会の運営を政党が中心となって行っている。このような政治のしくみを(政党政治)という。
- *与党が複数の政党の場合の政権は，(連立政権)という。

選挙の原則

(普通)選挙	原則として18歳以上の国民は投票
(平等)選挙	1人1票
(秘密)選挙	無記名で投票
(直接)選挙	有権者が直接投票

選挙制度と特色

(小選挙区制)	選挙区ごとに1人当選。候補者に投票。死票が多い。
(比例代表制)	政党に投票。多くの政党が乱立する恐れ。

- 日本の選挙制度は(公職選挙法)によって定められている。

教 p.77～90

図解で チェック

衆議院と参議院の比較

	衆議院	参議院
任期	（4）年	（6）年 ※3年ごとに 半数改選
選挙権	18歳以上	18歳以上
被選挙権	（25）歳以上	（30）歳以上
解散	ある	ない

国会の種類

（常会） （通常国会）	年1回1月に召集 （会期は（150）日間）
（臨時会） （臨時国会）	内閣・議員の4分の 1の請求
（特別会） （特別国会）	衆議院解散後の総選 挙の日から30日以内
参議院の （緊急集会）	衆議院解散中に必要 な場合

議院内閣制のしくみ

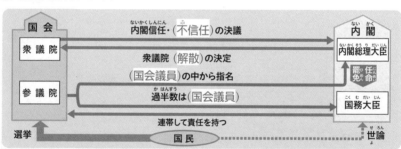

三審制のしくみ

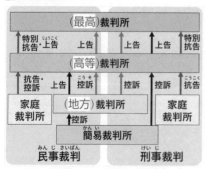

刑事裁判の法廷

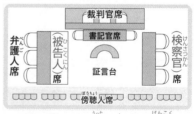

● 民事裁判では，訴えた人が（原告），訴えられた人が（被告）となって裁判が行われる。

教 p.93～100

図解でチェック

地方公共団体

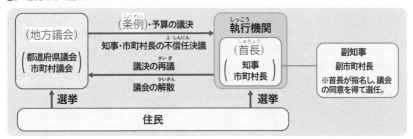

直接請求権

内容	必要な署名	請求先
(条例)の制定・改廃	有権者の($\frac{1}{50}$)以上	首長
事務の監査		(監査委員)
議会の解散	有権者の($\frac{1}{3}$)以上	(選挙管理委員会)
議員・首長の解職		
主要な職員*の解職		首長

＊副知事，副市町村長，選挙管理委員，公安委員，監査委員

地方公共団体の歳入

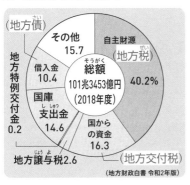

(地方財政白書 令和2年版)

衆議院議員選挙の年代別投票率

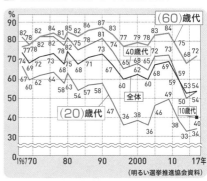

(明るい選挙推進協会資料)

9

第1章　市場経済① 　第1節　私たちの生活と経済

教 p.109〜116

図解で チェック

経済の循環

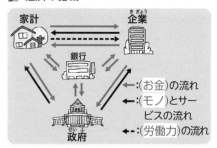

←:(お金)の流れ
←:(モノ)とサービスの流れ
←-:(労働力)の流れ

家計／企業／銀行／政府

お金(貨幣)の役割

こうかん (交換)	欲しいものと取り換えることができる。
かちしゃくど (価値尺度)	商品の価値の大きさを測ることができる。
ちょぞう (貯蔵)	財産として蓄えておくことができる。

価格の働きと市場

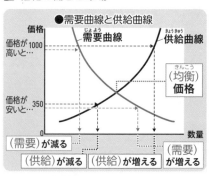

●需要曲線と供給曲線

需要曲線　供給曲線
価格が高いと… 1000
(均衡)価格
価格が安いと… 350
(需要)が減る
(供給)が減る　(供給)が増える　(需要)が増える

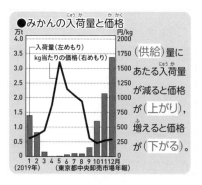

●みかんの入荷量と価格

入荷量(左めもり)
kg当たりの価格(右めもり)

(供給)量にあたる入荷量が減ると価格が(上がり),増えると価格が(下がる)。

公共料金の種類

(国会)・政府が決定するもの	社会保険診療報酬, 介護報酬
政府が認可するもの	鉄道運賃, バス運賃, 都市ガス料金, 電気料金, 高速自動車国道料金
政府に届け出るもの	国内航空運賃, 電気通信料金, (郵便料金)(手紙, はがき)
地方公共団体が決定するもの	(水道料金), 公立学校授業料, 公衆浴場入浴料

10

教 p.117〜122

図解でチェック

家計に占める支出の割合

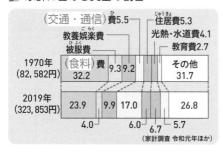

（交通・通信）費5.5　住居費5.3

教養娯楽費　光熱・水道費4.1

被服費　教育費2.7

	（食料）費				その他
1970年 (82,582円)	32.2	9.3	9.2		31.7
2019年 (323,853円)	23.9	9.9	17.0		26.8

4.0　6.0　6.7　5.7

（家計調査 令和元年ほか）

所得の種類

（給与）所得	会社などで働いて得る給与などの所得。
（財産）所得	アパートや株式などの財産から得る所得。
（事業）所得	個人で商店や工場などを経営して得る所得。

商品が私たちの手もとに届くまで

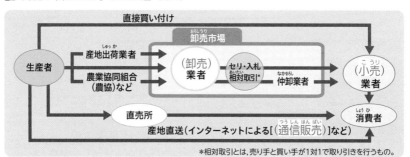

直接買い付け

卸売市場

生産者 → 産地出荷業者 → （卸売）業者

農業協同組合（農協）など

セリ・入札　相対取引*

→ 仲卸業者 → （小売）業者 → 消費者

直売所

産地直送（インターネットによる[（通信販売）]など）

*相対取引とは、売り手と買い手が1対1で取り引きを行うもの。

消費者問題への政府の取り組み

（消費者基本）法	消費者の自立支援を基本理念とし、消費者保護基本法を改正して2004年に成立。
（クーリング・オフ）制度	訪問販売などの契約は、一定期間内であれば、消費者が無条件に解除できる制度。
（製造物責任）法（PL法）	商品の欠陥により被害を受けた消費者の救済を、企業に義務づけた。
（消費者契約）法	商品について事実と異なる説明があった場合などに、1年以内なら契約を取り消すことができる。

図解 で チェック

株式会社のしくみ

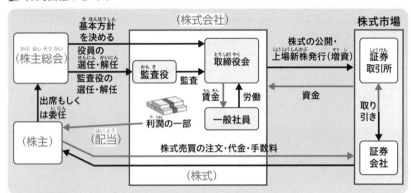

金融の種類

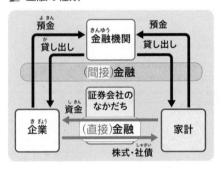

公正な競争

(独占禁止法)

1947年に制定された，市場で企業が健全な競争を保つための法律。

(公正取引委員会)

上記の法律を運営し，競争をさまたげる企業の不正な行為を監視する機関。

労働者の権利

労働三法	(労働組合)法	労働三権（(団結)権, 団体交渉権, 団体行動権）を定める。
	(労働基準)法	労働条件の最低基準を定める。
	(労働関係調整)法	労働者と使用者の対立を予防・解決する。
(男女雇用機会均等)法		職場での男女平等を定めた。

図解で チェック

景気変動

	(好況)(好景気)		(不況)(不景気)
生産	生産が(拡大)，設備投資の増加	生産	生産が(縮小)，設備投資の減少
労働者	雇用の拡大，賃金の(上昇)	労働者	従業員を減らす(リストラ)
物価	物価が上昇し，(インフレーション)が起こりやすい	物価	物価が下落し，(デフレーション)が起こりやすい

日本銀行のしくみ

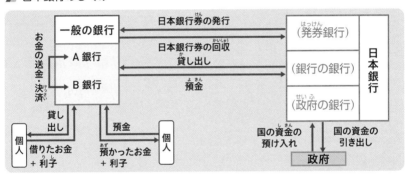

円高・円安が与える影響

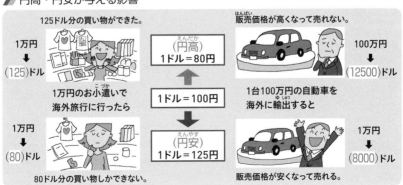

125ドル分の買い物ができた。
1万円 → (125)ドル
1万円のお小遣いで海外旅行に行ったら
1万円 → (80)ドル
80ドル分の買い物しかできない。

(円高)
1ドル=80円

1ドル=100円

(円安)
1ドル=125円

販売価格が高くなって売れない。
100万円 → (12500)ドル
1台100万円の自動車を海外に輸出すると
1万円 → (8000)ドル
販売価格が安くなって売れる。

13

教 p.157〜168

図解で チェック

日本の歳出と歳入

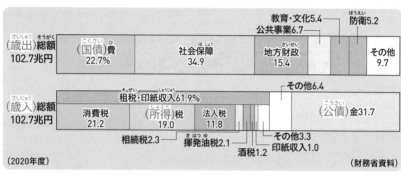

(2020年度)　　　　　　　　　　　　　　　　　　　　　　　　　　（財務省資料）

税金の種類

		直接税	(間接)税
(国税)		(所得)税 法人税 相続税	消費税 揮発油税 酒税　関税
(地方税)	県税 (都)道府県	(都)道府県民税 事業税 自動車税	(都)道府県たばこ税 ゴルフ場利用税 地方消費税
	町村税 市(区)	市(区)町村民税 固定資産税	市(区)町村たばこ税

四大公害訴訟

病名	発生地域
(イタイイタイ)病	富山県 (神通川流域)
(水俣)病	熊本県・鹿児島県 (水俣湾周辺)
(四日市ぜんそく)	三重県(四日市市)
(新潟水俣病)病	新潟県 (阿賀野川流域)

社会保障の種類

(社会保険)	(公衆衛生)	(社会福祉)	(公的扶助)
保険料を積み立てておき，必要なときに給付を受ける。	国民の健康増進を図り，感染症などの予防を目指す。	立場の弱い人に，生活の保障や支援のサービスをする。	最低限度の生活を営めない人に，生活費を給付する。
医療(健康)保険，年金保険，雇用(失業)保険，介護保険　など	感染症予防，予防接種，廃棄物処理，下水道など	児童福祉，母子福祉，障がい者福祉，高齢者福祉　など	生活保護　など

14

教 p.173〜186

図解で チェック

領土・領海・領空

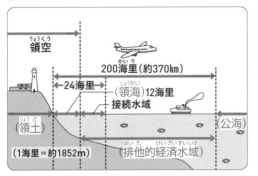

領空
200海里（約370km）
24海里
（領海）12海里
接続水域
（領土）
（1海里＝約1852m）
排他的経済水域
（公海）

日本の排他的経済水域（EEZ）

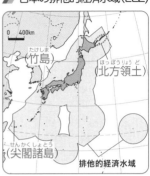

（竹島）
（北方領土）
0　400km
排他的経済水域
（尖閣諸島）

国際連合のしくみ

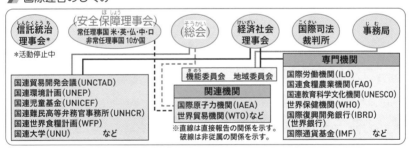

信託統治理事会*
*活動停止中

安全保障理事会
常任理事国 米・英・仏・中・ロ
非常任理事国 10か国

総会

経済社会理事会

国際司法裁判所

事務局

国連貿易開発会議（UNCTAD）
国連環境計画（UNEP）
国連児童基金（UNICEF）
国連難民高等弁務官事務所（UNHCR）
国連世界食糧計画（WFP）
国連大学（UNU）　　など

機能委員会　地域委員会

関連機関
国際原子力機関（IAEA）
世界貿易機関（WTO）など

専門機関
国際労働機関（ILO）
国連食糧農業機関（FAO）
国連教育科学文化機関（UNESCO）
世界保健機関（WHO）
国際復興開発銀行（IBRD）
（世界銀行）
国際通貨基金（IMF）　　など

※直線は直接報告の関係を示す。
破線は非従属の関係を示す。

地域機構

	東南アジア諸国連合（ASEAN）	ヨーロッパ連合*1（EU）	米国・メキシコ・カナダ協定（USMCA）	アフリカ連合（AU）	南米南部共同市場*2（MERCOSUR）
加盟国数（2020年7月）	10か国	27か国	3か国	54か国と西サハラ	6か国
人口（2018年）	6.4億人	4.4億人	4.8億人	12.2億人	3.0億人
GNI（総額）（2018年）	2.9兆ドル	15.4兆ドル	23.4兆ドル	2.3兆ドル	3.0兆ドル

＊1 イギリスを除く　＊2 ボリビアはMERCOSURの各国議会の批准待ち，ベネズエラは2017年 8 月加盟資格停止（世界銀行資料ほか）

教 p.189〜196

図解で チェック

世界の地域別人口の推移と予測

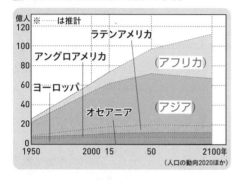

（人口の動向2020ほか）

国・地域別二酸化炭素排出量

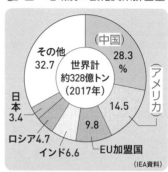

世界計 約328億トン（2017年）

- 中国 28.3%
- アメリカ 14.5
- EU加盟国 9.8
- インド6.6
- ロシア4.7
- 日本 3.4
- その他 32.7

（IEA資料）

主な国の発電量の割合

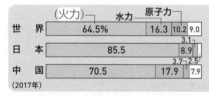

	火力	水力	原子力	再生可能エネルギー
世界	64.5%	16.3	10.2	9.0
日本	85.5	8.9	3.1	
中国	70.5	17.9	7.9	3.7 / 2.5

アメリカ	62.8	7.8	19.6	10.0
フランス	11.2 / 9.8	70.9		8.1
ドイツ	52.9	11.7	31.4	4.0

（2017年）

（WORLD ENERGY STATISTICS 2019ほか）

国連で採択された持続可能な開発目標

1 貧困をなくそう

2 飢餓をゼロに

3 すべての人に健康と福祉を

4 質の高い教育をみんなに

5 ジェンダー平等を実現しよう

6 安全な水とトイレを世界中に

7 エネルギーをみんなにそしてクリーンに

8 働きがいも経済成長も

9 産業と技術革新の基盤をつくろう

10 人や国の不平等をなくそう

11 住み続けられるまちづくりを

12 つくる責任つかう責任

13 気候変動に具体的な対策を

14 海の豊かさを守ろう

15 陸の豊かさも守ろう

16 平和と公正をすべての人に

17 パートナーシップで目標を達成しよう

持続可能な開発目標の略称は（SDGs）

帝国書院版・中学社会公民